Holger Genzmer

Gottes Botschaften hören und verstehen

Die Gabe der Prophetie – Ein Praxisbuch

Bestell-Nr.: 52 50440
ISBN 978-3-86773-177-5

Alle Rechte vorbehalten
© 2013 by cap-books/cap-music
Oberer Garten 8
D-72221 Haiterbach-Beihingen
07456-9393-0
info@cap-music.de
www.cap-music.de

Lektorat: Christiane Kathmann
Umschlaggestaltung: Olaf Johannson, spoon design
Druck: Schönbach-Druck, Erzhausen
Printed in Germany

Bibelzitate entnommen aus:
Elberfelder Studienbibel © 2012 SCM R.Brockhaus im
SCM-Verlag GmbH & Co. KG, Witten. Mit freundlicher Genehmigung.

Inhaltsverzeichnis

Einleitung 7

1 Gott redet und wir hören seine Stimme 11
   1.1 Gott redet
   1.2 Seine Schafe hören seine Stimme
   1.3 Intimität mit Gott
   1.4 Anregungen zur Vertiefung

2 Grundlagen der Prophetie 21
   2.1 Begriffsbestimmung des Wortes Prophet
   2.2 Die Gabe der Prophetie oder der Weissagung –
        Teil der Gnadengaben des Heiligen Geistes
   2.3 Prophetisches Charisma versus
        prophetischer Dienst/Amt
   2.4 Der Prophet im Verständnis des AT und NT
   2.5 Prophetie heute: Im Rahmen von Ermutigung,
        Trost und Erbauung
   2.6 Der Kern der Prophetie:
        Das Zeugnis Jesu ist der Geist der Prophetie
   2.7 Anregungen zur Vertiefung

3 Die Offenbarungsebene 45
   3.1 Offenbarung durch das geschriebene Wort Gottes
   3.2 Offenbarung durch eine innere
        oder hörbare Stimme
   3.3 Offenbarung durch eine Predigt
   3.4 Offenbarung durch innere Bilder
   3.5 Offenbarung durch Dinge,
        die wir in unserer Umwelt wahrnehmen
   3.6 Offenbarung durch Visionen und Träume

3.7 Offenbarung durch prophetische Zeichen
und Symbole
3.8 Offenbarung durch prophetischen Lobpreis,
Tanz oder Kunst
3.9 Offenbarung durch innere Lasten und Gefühle
3.10 Anregungen zur Vertiefung

4 **Wiedergabe und äußere Form** 61
4.1 Formulierung und äußere Form
4.2 Einstimmen auf das Reden Gottes
4.3 Aufschreiben des prophetischen Wortes
4.4 Prüfen des erhaltenen prophetischen Wortes
4.5 Was und wie viel gebe ich weiter?
4.6 Richtlinien für das prophetische Reden
4.7 Anregungen zur Vertiefung

5 **Auslegung und Interpretation**.................. 79
5.1 Tipps und Hinweise für die Auslegung
und Interpretation
5.2 Beispiele zur Auslegung und Interpretation
5.3 Anregungen zur Vertiefung

6 **Umsetzung und Erfüllung
des prophetischen Wortes** 89
6.1 Wie erfüllt sich das prophetische Wort?
6.2 Glaube, Vertrauen und Umkehr als Bedingungen
6.3 Die richtige Haltung
6.4 Warten und Ausharren bis zur Erfüllung
6.5 Anregungen zur Vertiefung

7 **Prophetie im Gemeindealltag**.................. 103
7.1 Ausrichtung des prophetischen Dienstes
7.2 Das Fundament der Gemeinde
7.3 Unterordnung und Zusammenarbeit
mit der Gemeindeleitung/Mentorenschaft
7.4 Gottesdienstliche Ordnung

7.5 Prophetische Teams
7.6 Prophetie und andere Dienste
7.7 Wächterdienst und prophetische Fürbitte
7.8 Prophetische Gemeinde
7.9 Anregungen zur Vertiefung

8 Die Formung des Propheten 133
8.1 Vorbereitungszeit des Propheten
8.2 Entwickle einen göttlichen Charakter
8.3 Verschiedene Arten der prophetischen Begabung – Deine prophetische Botschaft
8.4 Anregungen zur Vertiefung

Zu guter Letzt oder die Entmystifizierung
der prophetischen Gabe. 147

Kleine Auswahl prophetischer Übungen 149

Weiterführende Literatur 151

Einleitung

Das vorliegende Praxisbuch der neutestamentlichen Prophetie stellt eine Einleitung und Grundlage für das große Gebiet und Thema „Prophetie" dar.

Es geht dabei vor allem um den Schwerpunkt *Prophetie im Gemeindealltag* und *Prophetie im persönlichen Glaubensleben* – nicht als abgehobenes und übergeistliches Thema, sondern um das Fundament, das diese wichtige Gabe trägt.

In erster Linie vermittelt das Buch deshalb die Grundlagen der Gabe der Prophetie, und zwar nicht nur theoretisch, sondern auch ganz praktisch anhand der Erfahrungen und Beobachtungen, die wir gemacht haben, und der Schlüsse, die wir daraus gezogen haben. Dazu gibt es Tipps für die praktische Einübung, sich in der prophetischen Gabe zu bewegen und sie zu vervollkommnen.

Dieses Praxisbuch kann aber auch dazu herangezogen werden, einen prophetischen Dienst bzw. ein prophetisches Team aufzubauen und zu trainieren.

In dieses Buch fließen zwölf Jahre Erfahrung im Training von prophetisch Begabten mit ein. Dankbar sind wir unseren Freunden und Mentoren Rudi und Billa Pinke, die uns auf dem Weg in unseren prophetischen Dienst hinein gefördert, begleitet und auch bei der Entwicklung des vorliegenden Trainingskonzeptes unterstützt haben. Die von meiner Frau Claudia und mir durchgeführten Trainings fanden stets mit der gesamten Gemeinde statt: mit den Gebern der Prophetie, der Leiterschaft der Gemeinde und den Empfängern der Prophetie. In der Regel entstanden aus den Grundlagentrainings prophetische Teams oder Dienste, die wir auch danach noch begleiteten. Besonders im Bereich der Grundlagen wurden schon viele wertvolle Bücher veröffentlicht, so dass ich einige Ideen anderer Autoren inhaltlich mit einbeziehe.

Nach jedem Kapitel gibt es verschiedene Übungen, Fragen und Anregungen, um das Gelesene zu vertiefen. Hierbei ist es manchmal hilfreich oder auch notwendig, dies in einer Gruppe zu tun. Praktische Übungen sind im Bereich der Prophetie genauso wichtig wie das Üben für einen Musiker oder das öffentliche Reden für einen Prediger. Die prophetische Offenbarung ist von Gott geschenkt, aber die prophetische Gabe kann man trainieren. Im Hören auf das feine Reden Gottes kann man sich einstimmen und das Weitergeben dieser Offenbarung trainieren. Für manchen ist dies vielleicht völlig neu, aber es ist im Prinzip nicht anders als bei jemand, der die Gabe zum Predigen hat und gerade durch die Ausübung dieser Gabe immer besser darin wird.

Ziel des Trainings sollte es sein, in Reife und Mündigkeit den Bibelvers anzuwenden: „Den Geist löscht nicht aus! Weissagung verachtet nicht, prüft aber alles, das Gute haltet fest" (1. Thessalonicher 5,19-21). Es geht um den richtigen, angemessenen Umgang mit Prophetie – auf der einen Seite darum, das prophetische Reden von dem hohen Sockel zu heben und zu entmystifizieren, und auf der anderen Seite darum, nicht das Kind mit dem Bade auszuschütten und das prophetische Reden zu verachten. Propheten und Prophetie wurden schon immer in Frage gestellt. Wenn es um Gott und seinen Willen geht, gibt es Streit. Prophetie ist übernatürlich und wie alles Übernatürliche stets umstritten. Und schließlich ist Prophetie ein scharfes Werkzeug. Sie ist wie ein Messer, mit dem man Brot schneiden, mit dem man sich aber auch verletzen kann. Der Umgang mit der Gabe der Prophetie muss deshalb gelernt werden, damit sie zum Segen und Nutzen werden kann.

Prophetie sollte ein ganz normaler Teil des Gemeindealltags sein, ein göttliches Werkzeug in der Hand von reifen, liebevollen Gotteskindern. Prophetie ist kein Ersatz für die Worte der Bibel, für Gebet oder geistgewirkte Seelsorge. Sie ist einfach ein weiteres Werkzeug, das Gott gebraucht. Ein Werkzeug, das uns fähig macht, als Individuen und als Gemeinschaft ein christuszentriertes Leben zu führen. Prophetie ist ein von Gott freizügig zur Verfügung gestelltes Instrument. Mit Paulus können wir sagen: „Strebt nach der Liebe; eifert aber nach den geistlichen (Gaben), besonders aber, dass ihr weissagt!" (1. Korinther 14,1) und „denn ihr könnt einer nach dem anderen alle weissagen, damit alle lernen und alle getröstet werden" (1. Korinther 14,31).

Das Wachsen in der prophetischen Gabe fängt mit dem Eifer nach den geistlichen Gaben und der Gabe der Prophetie an. Eifer ist nicht nüchtern und besonnen. Wenn wir nach etwas eifern, dann denken wir intensiv darüber nach und setzen unsere Zeit und Ressourcen dafür ein, es zu erlangen. Genauso wünscht sich Gott, dass wir nach den geistlichen Gaben eifern. Ziel ist, dass alle lernen und getröstet werden. Grundlage ist das Streben nach der Liebe. Das ist der gute Rahmen, den Gott im Umgang mit Prophetie vorgibt.

Neben dem Training der prophetischen Gabe ist die Charakterformung von außerordentlicher Wichtigkeit. Jim Goll beschreibt in seinem Buch „Die kommende prophetische Revolution", dass die prophetische Gabe wie ein Topf mit einer heißen Flüssigkeit ist, den der prophetisch Begabte trägt. Durch Unreife oder Charakterschwächen kann er mit diesem Topf stolpern und sich oder auch anderen die heiße Flüssigkeit über die Hände schütten.[1] Doch wenn er an sich arbeitet und die prophetische Gabe richtig einsetzt, kann er aus dem heißen Wasser eine wohltuende Suppe oder einen Tee kochen.

Nun wünsche ich viel Spaß und Erfolg beim Durcharbeiten dieses Praxisbuches zur Gabe der Prophetie!

❶

Gott redet und wir hören seine Stimme

1.1 Gott redet

Wenn Gott zu uns persönlich redet, ist das mit eine der schönsten Erfahrungen. Und Gott möchte mit uns persönlich sprechen. Doch trotz dieser Verheißung und ihrer Erlebbarkeit zweifeln viele Menschen daran, dass Gott persönlich zu ihnen redet. Andere sind unsicher, ob es sich dabei wirklich um göttliche Impulse oder nicht eher um ihre eigenen Gedanken oder gar teuflische Inspirationen handelt. Aber Gott ist ein redender Gott. Er will sich uns mitteilen und darum lässt er uns seine Stimme hören.

Mich begeistert es, wenn ich sehe und erlebe, wie Menschen, die an dieser Fähigkeit zweifeln, plötzlich erkennen, dass Gott zu ihnen redet. So ging es auch Sandra *(Name geändert)*. In einer Übungsstunde war die Jugendliche frustriert darüber, dass sie Gottes Stimme nicht hören konnte. Zum Zeitvertreib malte sie ein Bild, ohne zu merken, wie Gott dadurch zu ihr sprach. Gemeinsam mit ihr legten wir das gemalte Bild aus und Sandra durfte erkennen, dass Gott sich ihr darin offenbarte.

Auch ich selbst zweifelte früher an meiner geistlichen Hörfähigkeit. Nachdem ich „Bist du es, Herr?" von Loren Cunningham[2] gelesen hatte, war ich beeindruckt, wie deutlich er die Stimme Gottes hörte. Aber gleichzeitig war ich enttäuscht, denn so klar redete Gott zu mir nicht. Immer wieder betete ich, dass Gott doch auch zu mir reden möge. Bis Gott eines Tages antwortete: „Ich rede doch mit dir." Er zeigte mir viele Momente in meinem Leben, wo er zu mir geredet hatte. Doch das war mir in diesen Augenblicken noch nicht so bewusst gewesen.

Die Bibel sagt uns, dass Gott redet. In Hebräer 1,1-2 heißt es: „Nachdem Gott vielfältig und auf vielerlei Weise ehemals zu den Vätern geredet hat in den Propheten, hat er am Ende dieser Tage zu uns geredet im Sohn" oder 1. Mose 1,3: „Und Gott sprach."

Gottes Reden ist ein wichtiger Teil der ganzen Schrift. Reden gehört zu Gottes fundamentalsten Eigenschaften. Gott möchte sich mitteilen und sich uns offenbaren. Durch das Reden Gottes lernen wir ihn und seinen Willen kennen. In jeder Begegnung mit ihm hat Gott zu Männern und Frauen geredet und ihnen eine spezifische Beauftragung gegeben, angefangen von Adam, über Noah, Abraham und Mose. Er hat ihnen offenbart, wer er ist: „Ich bin, der ich bin!" (2. Mose 3,14). Im zweiten Schritt hat er ihnen dann einen Auftrag und eine Vision mitgeteilt. Debora war eine Prophetin und Richterin in Israel und Gott demütigte die Feinde Israels durch sie (Richter 4). Ebenso war Mirjam, Aarons Schwester (2. Mose 15,20) eine Prophetin.

In allererster Linie geht es darum, dass wir Gott persönlich kennen – aus der Beziehung zu ihm und nicht nur vom Hörensagen oder von den Erlebnissen, die andere mit Gott gemacht haben. Kommunikation ist die Grundlage jeder Beziehung. Kommunikation besteht aus den zwei Elementen Reden und Hören. Im Reden sind wir geübt und es fällt uns viel leichter. Was wir besonders in der Beziehung mit Gott lernen müssen, ist auf ihn zu hören, innezuhalten und sensibel für sein Reden zu werden. Gott sagt zu uns: „Wer Ohren hat, der höre" (Matthäus 11,15).

Gottes Stimme hören zu können hat immer etwas damit zu tun, dass wir darauf vertrauen, dass er zu uns redet. Eine hundertprozentige Sicherheit dabei gibt es nicht, sondern wir dürfen (und müssen) Gott und dem, was wir wahrnehmen, vertrauen.

Es ist ein Abenteuer zu lernen, wie man Gottes Stimme hört, nicht nur im Rahmen eines Gottesdienstes, sondern in der gesamten Bewältigung des Alltags. Gott hat für uns ein allgemeines Priestertum vorgesehen, dies war bereits sein Plan für das Volk Israel. Aus diesem Grund ist jeder Mensch fähig, mit Gott zu kommunizieren. Und Gott möchte mit jedem Einzelnen persönlich reden. Keiner braucht einen menschlichen Vermittler, der für ihn eintritt oder für ihn hört. Wir sind berufen, selbst mit Gott zu reden und auf ihn zu hören.

Wenn wir in dem Hören der Stimme Gottes sicherer werden und glauben, dass Gott zu uns spricht, ist es von diesem Punkt dann nicht mehr weit zu der Überzeugung, dass Gott durch uns auch zu anderen Menschen sprechen kann und will.

In Bezug auf die Gabe der Prophetie stehen wir teilweise in der Gefahr, die Verantwortung, die uns Gott gegeben hat, von uns zu weisen und das Hören anderen zu überlassen. Uns fällt es einfach schwer, darauf zu vertrauen, dass Gott nicht nur zu uns persönlich reden kann, sondern dies auch tut. Und wenn er mit uns redet, kommen schnell Zweifel, ob wirklich Gott zu uns geredet hat oder ob es nur unsere eigenen Gedanken waren. Es fällt uns leichter, anderen, geistlich begabteren Menschen in Bezug auf das zu vertrauen, was Gott ihnen über uns offenbart hat. Aber die Gabe der Prophetie darf nicht in eine Ecke gedrängt oder auf ein Podest gehoben werden. Wir dürfen es nicht allein den prophetisch Begabten überlassen, für uns auf Gott zu hören. Gott ruft jeden Einzelnen zur geistlichen Reife auf. Dazu gehört auch, selbst zu hören und prophetische Worte eingehend zu prüfen.

1.2 Seine Schafe hören seine Stimme

Nachdem wir wissen, dass Gott redet, dürfen wir sicher sein, dass wir als Schafe seiner Herde fähig sind, seine Stimme zu hören (Johannes 10,3). Wie bereits gesagt, besteht Kommunikation aus den beiden Aspekten Reden und Hören. Schwierigkeiten haben wir – auch in der zwischenmenschlichen Kommunikation – viel stärker im Bereich des Hörens.

Jeder Gläubige verfügt über die Fähigkeit des Hörens, da gibt es keine Ausnahme. Gott hat die meisten Menschen mit den fünf Sinnen Hören, Sehen, Schmecken, Riechen und Tasten ausgestattet und genauso verfügen wir über geistliche Sinne. So wie wir äußerlich Ohren und Augen haben, hat Gott uns auch innere Ohren und Augen gegeben. Das gilt selbst für Menschen, bei denen die äußeren Sinne durch Krankheit oder Behinderung eingeschränkt sind. Durch unseren Geist haben wir Zugang zu Gott und unsere geistlichen Sinne sind geöffnet. Durch den Sündenfall wurde die Kommunikation eingeschränkt. Doch durch den Tod Jesu am Kreuz sind wir wieder fähig, mit Gott zu kommunizieren. Da Gott uns geschaffen hat, weiß er auch, wie er sich uns verständlich machen kann.

Ich glaube, dass es uns dabei oft so geht wie Samuel, der die Stimme Gottes hörte, sie aber nicht als die Stimme Gottes identifizierte. In seiner Unwissenheit und aufgrund des Mangels an richtiger Lehre ging Samuel zu Eli, zu seinem Mentor. Dieser erklärte ihm, was er tun müsse, um auf Gottes Stimme zu hören. Gott rief Samuel ein viertes Mal und diesmal ließ sich Samuel darauf ein und antwortete: „Rede, denn dein Knecht hört!" Und nun konnte Gott ihm die Botschaft für Israel weitergeben (1. Samuel 3,1-11). Genauso gibt Gott bei uns nicht mit dem Versuch auf, sich bemerkbar zu machen.

Ich konnte schon häufig beobachten, dass es heute vielen Menschen genauso geht wie dem jungen Samuel. Uns fällt es oft schwer, Gottes Reden in uns als solches auszumachen und zu erkennen.

Gott möchte unsere Aufmerksamkeit. Bei Moses Dornbuscherlebnis musste dieser sich zur Seite wenden und auf den brennenden Dornbusch blicken. Er hätte auch einfach weitergehen können. Wenn wir Gottes Stimme hören wollen, müssen wir uns Zeit nehmen und innehalten und unsere Aufmerksamkeit auf das richten, was Gott uns sagen und offenbaren möchte. Das Reden Gottes zu erleben, ist leichter als wir glauben.

Mit der Stimme Gottes ist es wie beim Telefonieren. Je häufiger wir mit einer Person reden, desto schneller werden wir die jeweilige Stimme am anderen Ende der Leitung erkennen. Dies geht sogar so weit, dass derjenige kaum etwas zu sagen braucht und wir sofort wissen, wer am anderen Ende der Leitung ist.

Meine Erfahrung ist, dass Gott sehr häufig in meine Gedanken hinein spricht. Meistens ist es der erste, zarte und leise Gedanke, der mir in den Sinn kommt, der von Gott ist – vorausgesetzt ich habe ihn um Antwort und ein Reden gebeten oder mich auf ihn ausgerichtet. Oft fängt es mit einem Gedanken an, der ganz neu in meinen Sinn kommt. Je mehr ich mich auf diesen Gedanken einstelle und ihm nachgehe, desto mehr sprudelt es und umso vollständiger wird die Ausführung dieses Gedankens. Je geübter ich im Hören der Stimme Gottes werde, desto sicherer werde ich mir auch in der Unterscheidung, wann Gott redet und wann es nur meine eigenen Gedanken sind.

Wir Menschen sind verschieden veranlagt und so benutzt Gott auch verschiedene Mittel, um sich uns verständlich zu machen. Gott redet bei mir sehr stark durch meine Gedanken. Bei meiner Frau kommuniziert er eher über den visuellen Kanal und sehr viel bildlicher.

Unsere Gedanken sind verinnerlichtes Reden. Gott benutzt diesen Kanal ganz natürlich. Viele Gedanken kommen aus uns selbst. Einige Gedanken, die dem Wort Gottes widersprechen, sind Lügen des Feindes. Um diese zu erkennen, müssen wir fest verwurzelt sein im Wort Gottes. Doch dann legt Gott auch Gedanken aus seinem Herzen in unsere Gedanken und Gefühle. Wenn wir diesen nachgehen, uns ihnen zuwenden und ihnen Aufmerksamkeit entgegenbringen, werden diese Gedanken klarer und deutlicher.

Gott spricht natürlich durch sein Wort, er spricht durch Träume und Visionen, auch mit hörbarer Stimme oder dadurch, dass ich spüre, wie es einer Person geht, an die ich gerade denke (Vertiefung dazu in Kapitel 3.2). Auslöser für ein Reden Gottes können auch die unterschiedlichsten Dinge in der natürlichen Welt sein. Hohe Gebäude zum Beispiel in Frankfurt können die Bedeutung erhalten, dass ich mich selbst zu wichtig nehme. Oft denke ich im Natürlichen über eine Sache nach und Gott feilt sie immer mehr aus, er führt sie aus und in die geistliche Ebene hinein. Oder wir spüren eine Notwendigkeit Fürbitte zu tun, während wir Nachrichten sehen. In all diesen Situationen kann Gott ein prophetisches Wort mitteilen.

Wenn Gott zu mir spricht, geschieht das oft, wenn ich entspannt bin – aus dem Lobpreis heraus oder wenn ich für bestimmte Anliegen oder Personen bete. In diesem Moment kommen mir göttlich inspirierte Gedanken. Lange Zeit habe ich diese nicht als prophetische Impulse oder von Gott inspirierte Gedanken erkannt, sondern gedacht, dies seien nur meine eigenen Überlegungen. Mit der Zeit habe ich gelernt, diese Gedanken von anderen zu unterscheiden. Ich habe gemerkt, dass immer dann, wenn ich mich vorher auf Gott ausgerichtet hatte, Gott durch meine Gedanken sprach und auch heute noch spricht. Als ich dann anfing, diese Gedanken anderen mitzuteilen, haben diese mir bestätigt, dass es das Reden Gottes war.

Zusammenfassend können wir sagen: Gottes Reden ist ein wichtiger Teil der ganzen Schrift. Reden gehört zu Gottes fundamentalsten Eigenschaften. Gott möchte sich mitteilen und sich uns offenbaren. Durch das Reden Gottes lernen wir ihn und seinen Willen für uns kennen. Kommunikation ist die Grundlage jeder Beziehung. Es geht darum, Gott persönlich kennenzulernen, aus der Beziehung mit ihm und nicht nur vom Hörensagen. Wir dürfen sicher sein, dass wir als seine Schafe seine Stimme hören können.

1.3 Intimität mit Gott

Alles fängt mit unserer Beziehung zu Gott an. Das Hauptanliegen eines prophetisch Begabten sollte sein, die Gegenwart Gottes ständig zu suchen. Dabei geht es darum, Gott mehr und mehr kennenzulernen, sein Wesen, seinen Charakter, seine Persönlichkeit. Je mehr wir ihn kennenlernen, desto mehr wird er uns über sich offenbaren und uns seine Gedanken mitteilen. Gott offenbart sich seinen Freunden wie Abraham, nicht aber Fremden. Seine Freunde zieht er ins Vertrauen über seine Geheimnisse. „Und der Herr redete mit Mose von Angesicht zu Angesicht, wie ein Mann mit seinem Freund redet" (2. Mose 33,11). Aus dieser Vertrautheit entstehen unsere Gaben und nicht umgekehrt. Gott möchte, dass wir lernen, ihm selbst zu dienen und nicht unserer Begabung oder unserem Dienst. Wir sind immer wieder in der Gefahr, diese Grundlage zu verlieren und stärker unsere Berufung, Gaben, Dienst oder Aufgaben zu sehen, als die Beziehung zu Jesus und unserem himmlischen Vater.

Wir müssen lernen, dass es in unserer Beziehung zu Gott, unserem Vater, mehr um unser Sein als um unser Tun geht. Mehr um unsere Identität in Gott als um unsere Werke, Konzepte oder Fähigkeiten. Es geht nicht vorrangig um äußerliche Segnungen, Berufung oder gar um das Gebet für Erweckung, sondern um die Beziehung zu unserem himmlischen Vater. Gott möchte mit uns intim sein. Er möchte ganz tiefe enge Gemeinschaft mit uns haben. Wie sehr sich der große allmächtige Gott nach dieser Intimität mit uns sehnt, können wir sehr eindrücklich in Jeremia 3,19 sehen: „Und ich hatte <doch> gedacht: Wie will ich dich unter die Söhne aufnehmen und dir ein köstliches Land geben, ein Erbteil, das die herrlichste Zierde der Nationen ist! Und ich meinte, ihr würdet mir zurufen: ‚Mein Vater!' und würdet euch nicht <mehr> von mir abwenden." Darum geht es, und dies allein sollte vorrangig der Kern und die Motivation all unserer Gebete sein. Es geht um die Person Gottes, um seine

Gegenwart, um seine Herrlichkeit und nicht um die Resultate von Fürbitte oder um Segnungen. Diese enge, tiefe und innige Gemeinschaft haben wir, wenn wir zu Gott beten und ihn suchen. Das vorrangige Ziel des Gebetes ist es, Gott näher kennenzulernen. Gott sehnt sich nach tiefer enger Gemeinschaft mit uns.

Um in dieser und in der noch vor uns liegenden Zeit bestehen zu können, sollten wir ganz tief und fest in der Liebe des Vaters verwurzelt und gegründet sein. Nichts anderes darf unser Fundament bilden, als allein unsere persönliche Beziehung zu Gott, unserem Vater. Intimität mit Gott bedeutet, in das Allerheiligste einzutreten und die Person und das Wesen Gottes, des liebenden Vaters, kennenzulernen und zu verstehen. Intimität bedeutet, dass ich mich an Gott verschenke, ohne gleich etwas von ihm zu erwarten oder gar zurückzuverlangen.

Eines unserer zentralen Anliegen sollte immer wieder sein, das Angesicht Gottes zu suchen wie ein Verdurstender, der Wasser braucht. Dieser will nur Wasser, er würde alles andere abschlagen, selbst Dinge, die er sonst für wertvoll hält. Mit diesem Hunger und Durst nach Gott in unserem Herzen sollten wir einzeln und gemeinsam Gott suchen und wie Mose rufen: „Lass mich doch deine Herrlichkeit sehen" (2. Mose 33,18). Als „Gottes Herrlichkeit" kann man die Gesamtheit der Merkmale seiner Person und seiner einzigartigen Charaktereigenschaften bezeichnen.

Wenn man das Leben von Mose betrachtet, so ist es doch erstaunlich, dass diese Sehnsucht den großen Anführer Israels antrieb. Ihn, der mit Gott schon so viel erlebt und durchgemacht hatte, der für sein Volk in den Riss getreten war und so viele Anweisungen von Gott erhalten hatte. Doch das alles war Mose nicht genug. Er wollte mehr – er wollte die Herrlichkeit Gottes sehen, seine Person, sein Wesen, das Ich bin! (2. Mose 3,14-15) und nicht die Werke seiner Hände.

Dieser Hunger nach Gott selbst muss unser ganzes Sein, unser Leben, unsere Zeit, unsere Motive und unser Handeln durchdringen und verzehren. Manchmal spüre ich diesen Schrei fast körperlich in meinem Herzen, den Hunger nach mehr von Gott. Ganz oft merke ich, dass es bei mir um *Gott + seine Segnungen, Gott + meine Berufung, Gott + meinen Dienst, Gott + mein Ansehen* geht. Aber ich sehne mich danach, dass es mir wirklich nur um Gott geht, nicht um Segnungen, nicht um meine Berufung, meinen Dienst oder mein Ansehen, sondern danach, dass ich ihn um *seinetwillen* suche und anbete und nicht auf die Resultate schaue.

Segnungen sind schön und Gott verheißt sie auch, aber das Streben danach sollte nicht der Ausgangspunkt und unsere Motivation sein. Bisher kann ich noch nicht sagen, dass ich mich freue in Trübsal wie in Hoffnung, ob arm oder reich, ob anerkannt oder übersehen, ob schwach oder stark, aber ich merke, dass Gott dieses Sehnen nach ihm in mich hineinlegt und vergrößert. Das Feuer seiner Liebe ist heiß und brennend. Es bringt Leidenschaft hervor, brennt aber auch alles weg, was in Gottes Herrlichkeit keinen Bestand hat.

Die Nähe Gottes zu erlangen kostet einen Preis. Dieser Preis ist, dass wir uns selbst und unserer Ichsucht sterben. Wenn wir bereit sind zu sterben mit unseren sündigen Motiven und Handlungen, dann verheißt uns Gott, dass wir ihn sehen werden.

> **Zusammenfassend können wir sagen:** Alles fängt mit der Beziehung zu Gott an. Das Hauptanliegen eines prophetisch Begabten sollte sein, die Gegenwart Gottes ständig zu suchen. Gott offenbart seine Geheimnisse seinen Freunden und Vertrauten. Dieser Hunger nach Gott selbst muss unser ganzes Sein, unser Leben, unsere Zeit, unsere Motive und unser Handeln durchdringen und verzehren. Es geht in erster Linie um unser Sein und nicht um unser Tun.

1.4 Anregungen zur Vertiefung

- Schreib einen Liebesbrief von Gott an dich selbst! Starte mit den Worten: Mein liebes Kind (Namen einsetzen) und schreibe die Gedanken auf, die dir in den Sinn kommen.
- Wie verbringst du deine Zeit mit Gott? Wie gestaltest du sie?
- Wie sieht dein inneres Bild von Jesus und vom Vater aus? Schau Jesus an! Stell dir innerlich vor, du sitzt auf dem Schoß des Vaters. Genieße seine Liebe für dich. Drücke ihm deine Liebe aus.
- Lass in der nächsten Zeit alle Gebete für deine Anliegen oder Fürbitten weg. Begegne Abba, dem Vater, um seinetwillen, einfach weil du gerne mit ihm zusammen bist, ohne ein bestimmtes Ziel oder eine Absicht zu verfolgen.
- Spricht Gott zu dir? Glaubst du, dass du als ein Schaf in Gottes Herde fähig bist, seine Stimme zu hören, oder hast du Zweifel daran?

❷
Grundlagen der Prophetie

2.1 Begriffsbestimmung des Wortes Prophet

Unter der Gabe der Prophetie versteht man, dass ein Mensch etwas im Auftrag und nach dem Willen Gottes ausspricht. Prophetie ist ein übernatürliches Reden Gottes durch einen Vermittler ohne dessen Wissen über eine konkrete Situation zu einer anderen Person, Gemeinde oder Nation. Der Prophet gibt Weisung, Trost und Rat aus dem Herzen Gottes weiter. Er offenbart durch sein Reden in allererster Linie das Herz Gottes. Nach 1. Korinther 14,3-4 besteht die prophetische Begabung in Erbauung, Zuspruch (Ermahnung) und Tröstung und nicht in erster Linie in dem Vorhersagen der Zukunft.

Reinhold Ulonska schreibt: „Doch ihr Hauptdienst [d. i. der Dienst der neutestamentlichen Propheten, Anm. d. Herausgebers] lag und liegt darin, die Gedanken Gottes und Sein Wort in die gegenwärtige Situation hineinzusprechen; und zwar sowohl für die jeweilige Gemeinde, wie auch für den einzelnen Menschen."[3]

Die Elberfelder Studienbibel mit Sprachschlüssel definiert den Begriff folgendermaßen:

> „Der Begriff *prophétés* meint als Prophet wirken, prophetisch reden; Es bedeutet: prophezeien, weissagen, kommende Dinge voraussagen oder ankündigen (Mt 11,13; 15,7; Mk 7,6; Lk 1,67; Apg 2,17f; 19,6; 21,9; 1. Petr 1,10; Jud 14; Offb 10,11; 11,3); prophezeien, weissagen, göttliche Wahrheiten aufgrund des Wortes Gottes und der Geistesgabe der Prophetie aussprechen (Mt 7,22; 1. Kor 11,4f; 13,9; 14,1.3-5.24.31.39). […] Die Voraussage oder die Bekanntma-

chung von Zukünftigem kann die Aufgabe eines Propheten sein, aber sie ist nicht das, was dieses Amt von seinem Wesenskern her ausmacht. *Prophéteuó* ist eigentlich das Aussprechen oder Bekanntmachen des Willens Gottes mit derjenigen Klarheit, Kraft und Autorität, die aus dem Bewusstsein und der Tatsache kommt, im Namen Gottes zu reden und eine direkt von ihm empfangene Botschaft übermitteln zu müssen (vgl. 5. Mo 18,18; Jes 1,1; 6,1-13; Jer 1; Hes 2). Daher kann auch jemand prophezeien, ohne ein Prophet im strengen Sinn des Wortes zu sein. […].

Dass das spezielle Handeln eines Propheten nicht nur das Voraussagen ist, sondern v.a. das Aufzeigen des Willens Gottes, besonders seiner Rettungsabsicht, wird durch 1. Kor 14,37 bestätigt. Zwei Dinge machen also einen Propheten aus: eine von Gott gewährte Einsicht in die göttliche Rätsel oder Geheimnisse und die Mitteilung dieser Geheimnisse an andere. […].

Im NT ist die Prophetie die Bekanntmachung des von Jesus Christus schon erwirkten Heils und dessen Vollendung in der Zukunft, aber auch das Aussprechen dessen, was Gott zur gegenwärtigen Lage zu sagen hat. Dementsprechend werden die Propheten in Eph 2,20; 3,5 Seite an Seite mit den Aposteln erwähnt als der Grund oder Grundmauer der neutestamentlichen Gemeinde."[4]

Zusammenfassend können wir sagen: Prophetie ist ein übernatürliches Reden Gottes durch einen Vermittler zu einer anderen Person, Gemeinde oder Nation.

2.2 Die Gabe der Prophetie oder der Weissagung – Teil der Gnadengaben des Heiligen Geistes

Die Gabe der Weissagung bzw. Prophetie ist Teil der Gnadengaben des Heiligen Geistes. Die Lehre darüber gibt uns die Bibel in den Kapiteln 12-14 des 1. Korintherbriefes und natürlich auch an sehr vielen anderen Stellen. Es lohnt sich, in einem Bibelstudium auf jede einzelne Bibelstelle einzugehen und sie für sich zu studieren.

In Kapitel 12 des 1. Korintherbriefes erklärt Paulus die Geistesgaben und gibt Anweisung für den praktischen Umgang damit. Dieser soll in Ergänzung und in der Einheit des Leibes Jesu erfolgen.

In Kapitel 13 erklärt er, in welcher Haltung diese Gaben zu gebrauchen sind, nämlich in Liebe. Dieses Kapitel liegt genau zwischen den beiden Kapiteln über die Geistesgaben und betont damit, wie wichtig es ist, dass die Gaben in Liebe ausgeübt werden.

Die Liebe ist das Fundament, der Wesenskern im Umgang mit Prophetie.

Wenn wir das wissen und es uns in unser Herz schreiben lassen, dann haben wir schon viel gewonnen. Streb nach der Liebe im Umgang mit prophetischen Worten!

In Kapitel 14 werden die Sprachengaben, Weissagung/Prophetie, Zungen und Auslegung/Interpretation besonders ausführlich im Gemeindekontext beschrieben.

In 1. Korinther 12,7-10 werden die neun grundlegenden Geistesgaben aufgezählt: die Gabe des Wortes der Weisheit und der Erkenntnis, die Gabe des Glaubens und der Heilungen, der Wunderwirkung und der Prophetie, der Geisterunterscheidung sowie verschiedene Arten von Sprachen und deren Auslegung. In dieser Aufzählung wird eine weitere Unterscheidung erkennbar. Die erste Gruppe sind die Offenbarungsgaben: Wort der Weisheit, Wort der Erkenntnis und Gabe der Geisterunterscheidung. Die zweite Gruppe sind die Sprachengaben: verschiedene Arten von Sprachen, die Auslegung der Sprachen und Weissagung (Prophetie). Und schließlich gibt es die Kraftgaben: Gnadengaben der Heilungen, Gabe der Wunderwirkungen und Gabe des Glaubens. Letztere betreffen nicht das Thema dieses Buchs, deshalb werde ich darauf nicht näher eingehen.

Der Übergang zwischen den verschiedenen Gaben ist fließend und eine nur rein theoretische Unterscheidung. Gerade die Offenbarungsgaben sind Bestandteile der prophetischen Gabe. Die Gabe der Prophetie wird zwar unter die Sprachengaben eingeordnet und sie ist es im Bereich von Ermutigung, Trost und Ermahnung auch, aber sie bewegt sich ebenso stark in dem Bereich der Offenbarung, da sie das Zukünftige offenbaren kann.

Im Folgenden werden die ersten beiden Gruppen noch einmal näher erläutert.

OFFENBARUNGSGABEN:

- **Wort der Erkenntnis:** Darunter wird die Gabe verstanden, etwas diagnostisch zu erkennen und zu sehen, und zwar nicht durch den eigenen Verstand, sondern durch eine Offenbarung von Gott. Gott weiß alles und so offenbart er durch eine Person, was man mit dem eigenen Verstand nicht erkennen kann, z. B. die Wurzel eines Problems, einer Krankheit oder auch versteckte Sünde. Gott kennt das Verborgene unseres Herzens.

    Ein biblisches Beispiel ist Samuel, der einen König für Israel salben sollte. Er wusste zwar, zu welcher Familie er gehen, aber nicht, welcher der Söhne von Isai der König werden sollte. Nachdem er die ganze Reihe abgelaufen war, fragte er, bewegt durch die Gabe der Erkenntnis, ob Isai noch einen weiteren Sohn habe. David wurde geholt, Samuel erkannte ihn als künftigen König und salbte ihn für diesen Dienst. „Denn der Herr sieht nicht auf das, worauf der Mensch sieht. Denn der Mensch sieht auf das, was vor Augen ist, aber der Herr sieht auf das Herz" (1. Samuel 16,8).

- **Wort der Weisheit:** Darunter wird die Gabe verstanden, einen von Gott inspirierten Lösungsweg weiterzugeben oder eine Lösung für ein bestimmtes Problem geoffenbart zu bekommen. Manchmal kennen wir unser Problem, sehen aber keinen Ausweg daraus. Das Wort der Weisheit ist ein Teil der Weisheit Gottes und beinhaltet nicht sein ganzes Wissen. Wie im Jakobusbrief beschrieben, dürfen wir um Weisheit bitten, wenn uns Weisheit mangelt (Jakobus 1,5). Manchmal kann Weisheit auch durch eine andere Person kommen. In Apostelgeschichte 27,31 sprach Paulus, als er auf dem Weg nach Rom in einen Sturm kam und Schiffbruch erlitt, durch ein Wort der Weisheit inspiriert zu dem Hauptmann und den Soldaten: „Wenn diese nicht im Schiff bleiben, könnt ihr nicht gerettet werden."

  Oftmals gehen die Gabe der Erkenntnis und die Gabe der Weisheit miteinander einher und arbeiten zusammen. Ein weiteres Beispiel ist Jesu Umgang mit der Frau am Jakobsbrunnen (Johannes 4,1-26): Er erkennt ihre Situation und Lage, hat aber die Weisheit, zuerst ihr Herz zu gewinnen, obwohl er weiß, dass sie schon viele Männerbeziehungen hatte (was wiederum ein Wort der Erkenntnis ist).

- **Gabe der Unterscheidung der Geister:** Darunter wird die Gabe verstanden, die Quelle und den Ursprung von „geistlichen Dingen" zu erkennen, und zu unterscheiden, ob sie menschlich, göttlich oder teuflisch/dämonisch inspiriert sind. Dadurch bekommen wir Einblick in die geistliche Welt. Es gibt Dinge, die wir nicht in erster Linie mit Hilfe unseres Verstandes und unserer Erfahrung lösen können, sondern wir brauchen dazu die Hilfe Gottes. In 1. Korinther 2,14 heißt es, dass wir „Geistliches durch Geistliches deuten." Was ist das Ergebnis, die Frucht? Habe ich innerlich göttlichen Frieden? Steht eine Aussage auf dem Fundament des Wortes Gottes?

  Ein biblisches Beispiel ist der Umgang der Jünger mit Simon dem Zauberer. Dieser vollbringt auch Zeichen und Wunder. Es wird aber offenbar, dass er eine falsche Motivation hat und Petrus fordert ihn auf, Buße zu tun (Apostelgeschichte 8,4-25). Jesus warnt für die Endzeit vor der Macht der Verführung (Matthäus 24,4-14). Zu unserem Schutz brauchen wir die Gabe der Geisterunterscheidung.

SPRACHENGABEN:

- **Gabe der Weissagung (Prophetie):** Diese wird in diesem Buch eingehend erläutert.
- **Gabe der Sprachenrede:** Es gibt zwei Arten der Sprachenrede. Paulus widmet ihnen beinahe das ganze Kapitel 14. Da ist zum einen die persönliche Sprachenrede als eine mögliche Folgeerscheinung der Erfüllung mit dem Heiligen Geist. Diese Sprache können wir selbst nicht verstehen, denn unser Geist betet in einer uns unbekannten Sprache zu Gott und betet ihn an. Unser Verstand ist dabei nicht aktiv. Diese Sprache dient unserer persönlichen Erbauung. Ich bete viel in Sprachen und dies hilft mir sehr. Ich merke, wie es mich auf Gott hin ausrichtet. Paulus geht auf diesen Punkt ausführlich in 1. Korinther 14,2+4 ein: „Denn wer in einer Sprache redet, redet nicht zu den Menschen, sondern zu Gott; denn niemand versteht es, im Geist aber redet er Geheimnisse [...] Wer in einer Sprache redet, erbaut sich selbst."

  Zum anderen wird im 1. Korintherbrief die Gabe der Sprachenrede erwähnt, die zu besonderen Anlässen, von Gott initiiert in einem öffentlichen Rahmen der Gemeinde stattfindet und ausgelegt werden muss. Die Gabe der Sprachenrede spricht zu den Menschen zur Erbauung (1. Korinther 14,6). Dies kann auch in Form von einem in Sprachen gesungenen Lied stattfinden.
- **Gabe der Auslegung der Sprachen:** Wer die Gabe der Auslegung der Sprachen hat, kann eine Sprachenrede auslegen. Es handelt sich dabei nicht um eine wortgetreue Übersetzung, sondern um eine Interpretation bzw. Auslegung. Nach einem öffentlichen Sprachengebet sollte, wie Paulus schreibt, immer auch die Auslegung folgen.

Gott ist der Ursprung aller Gaben. Er ist ein guter und liebevoller Vater und gibt gute Gaben. Wenn wir ihn um einen Fisch bitten, gibt er uns keinen Skorpion. Die Geistesgaben dienen der Gemeinde zum Nutzen und zur Erbauung: „Es gibt Verschiedenheiten von Gnadengaben, aber <es ist> derselbe Geist; und es gibt Verschiedenheiten von Diensten, und <es ist> derselbe Herr; und es gibt Verschiedenheiten von Wirkungen, aber <es ist> derselbe Gott, der alles in allem wirkt. Jedem wird die Offenbarung des Geistes zum Nutzen gegeben" (1. Korinther 12,4-6).

Die Geistesgaben sind auf Ergänzung hin angelegt. Nicht eine einzige Person hat alle Gaben, sondern Gott verteilt sie an unterschiedliche Personen, damit wir lernen aufeinander zu hören und zu achten. Gott selbst setzt diese Gaben souverän ein. Auch Jesus selbst war Träger der Geistesgaben:

- Wort der Erkenntnis und Weisheit: Frau am Jakobsbrunnen (wie oben beschrieben).
- Gabe der Geisterunterscheidung: Als Petrus Jesus erklärte, dass er in Jerusalem nicht leiden und gekreuzigt werden müsse, sagte dieser zu Petrus: „Geh hinter mich, Satan!" (Matthäus 16,23).
- Weissagung zu Petrus: Du bist der Fels, auf den ich meine Gemeinde bauen werde (Matthäus 16,18).

Das Ziel der Geistesgaben ist der Nutzen für die Gemeinde und die Zurüstung der Heiligen für das Werk ihres Dienstes (Epheser 4,11-14). Immer wieder wird dieser Ausdruck im 1. Korintherbrief gebraucht. Die Geistesgaben sollen der Gemeinde zum Nutzen sein, sie sollen zur Erbauung und Ermutigung dienen. „So auch ihr, da ihr nach den geistlichen Gaben eifert, strebt danach, dass ihr überreich seid zur Erbauung der Gemeinde" (1. Korinther 14,12). Dies zeigt und lehrt uns, wie wir mit den Geistesgaben umgehen sollen. Als Allererstes natürlich in Liebe. Als Zweites zum

Nutzen für die Gemeinde. Dieser Nutzen wird getragen von Erbauung, Ermutigung und Trost.

Der Hauptnutzen für mich ist, die Gemeinde näher an das Herz Gottes und zu Jesus zu führen. Ihn mehr und mehr zu erkennen. Seine Liebe, seine Barmherzigkeit, seine Güte, seine Vergebung. Durch die Geistesgaben werden wir zugerüstet, damit wir, die Gemeinde Gottes, eine Braut werden können ohne Runzeln und Flecken. Wir werden zugerüstet für den Dienst, den Gott uns gegeben hat.

„Dies alles aber wirkt ein und derselbe Geist und teilt jedem besonders aus, wie er will" (1. Korinther 12,11). Die Geistesgaben sind keine charakterliche Auszeichnung oder ein Prädikat größerer geistlicher Reife, sondern ein Geschenk Gottes. Auch ist keine Gabe wertvoller als die anderen. Nur bei der Prophetie empfiehlt Paulus, vor allem diese Gabe zu begehren, weil sie zu Menschen redet zur Erbauung, Ermahnung und Tröstung (1. Korinther 14,2-3). Es ist wichtig, die Gaben des Heiligen Geistes als Werkzeuge anzusehen, die mithelfen, bestimmte Aufgaben in bestimmten Situationen zu lösen. Wie bereits erwähnt, sind die Gaben des Heiligen Geistes zum Nutzen der Gemeinde bestimmt. Das wird oft nicht verstanden und deshalb wird auf die Gaben aus Angst und Unsicherheit verzichtet. Die Gaben sind nicht unser persönliches Eigentum, sondern bleiben Eigentum des Heiligen Geistes.

Die neun Geistesgaben, die in 1. Korinther 12,7-11 erwähnt werden, sind für jedermann verfügbar. Es sind nicht unbedingt feste Gaben. Wenn der Heilige Geist sich bewegt, erfüllt er einmal diesen und beim nächsten Mal jenen auf unterschiedliche Weise mit unterschiedlichen Gaben, um sich zu manifestieren. Diese geistlichen Werkzeuge sind eher situationsbedingt zu verstehen, d. h., sie werden sich zeigen, wenn sie gebraucht werden. Wir müssen lernen, mit dem Heiligen Geist zusammenzuarbeiten. Wir sollten uns nicht ständig zu fragen, ob er uns wohl diese oder jene Gabe gegeben hat. Das wird sich schon zeigen, wenn sie immer und immer wieder auftritt und dies dann auch von Leitenden in der Gemeinde so gesehen wird.

Das Zusammenarbeiten mit dem Heiligen Geist fängt damit an, dass wir erwarten, dass der Heilige Geist sich bewegt, und dass wir ihm gerne zur Verfügung stehen wollen. Wo keine Erwartung ist, wird auch nichts passieren. Natürlich muss der Heilige Geist die Inspiration geben, aber wir müssen darauf vorbereitet sein.

> **Zusammenfassend können wir sagen:** Die Gabe der Weissagung bzw. Prophetie ist Teil der Gnadengaben des Heiligen Geistes. Diese Gnadengaben haben als Ziel vor allem Erbauung, Zuspruch (Ermahnung) und Trost.

2.3 Prophetisches Charisma vs. prophetischer Dienst/Amt

Es gibt einen Unterschied zwischen dem Dienst bzw. dem Amt des Propheten und dem Charisma, der Gabe der Prophetie. Nicht jeder, der die Gabe der Prophetie ausübt, ist deshalb ein Prophet im Sinne des Dienstes bzw. des Amtes. Es gibt nur wenige Menschen, die das Amt des Propheten verliehen bekommen. Aus diesem Grund spreche ich im Rahmen dieses Buches nicht von *Propheten*, sondern von *prophetisch Begabten*. Damit meine ich sowohl Männer als auch Frauen, Kinder und Jugendliche und schließe die unterschiedlichen Ebenen von Begabungen mit ein, wie sie die Abbildung auf Seite 30 mit der Einteilung von Mike Bickle zeigt.

Prophetisches Reden/einfache Prophetie: „Sie betrifft jeden Gläubigen, der etwas ausspricht, das Gott ihm oder ihr in den Sinn gegeben hat. Diese Prophetie bewegt sich in der Regel nur im Rahmen von Ermutigung, Trost und Ermahnung (vgl. 1. Korinther 14,3) und umfasst keine Zu-

Die vier Ebenen der Prophetie

Menschenwort			Gottes Wort
Ebene 1 einfache Prophetie	**Ebene 2** prophetische Begabung	**Ebene 3** prophetischer Dienst	**Ebene 4** prophetisches Amt

Abbildung 1: Die vier Ebenen der Prophetie[5]

rechtweisung, Anweisungen oder Voraussagen zukünftiger Dinge."[6] Gott benutzt in einer Situation die eine und beim nächsten Mal eine andere Person.

Prophetische Begabung/Gabe: „Sie betrifft Gläubige, die regelmäßig Eindrücke, Träume, Visionen oder andere Arten der Offenbarung empfangen. [...] Diese Gruppe empfängt regelmäßiger prophetische Informationen als die erste Gruppe."[7] Aus diesem Grund kann man hier schon von einer Gabe sprechen.

Prophetischer Dienst: „Dies betrifft Gläubige, deren Begabung erkannt und gefördert wurde und die zu einem regelmäßigen Dienst innerhalb der Ortsgemeinde berufen wurden."[8]

Prophetisches Amt: Hier geht es um Gläubige, die treu und hingebungsvoll und eine lange Zeit im prophetischen Dienst gedient haben. „[...] die Prüfung ihrer Offenbarung ergibt immer wieder, dass sie das Wort Gottes zutreffend wiedergeben. Das bedeutet nicht, dass sie unfehlbar wären, aber ihre Worte sind ernster zu nehmen als die anderer prophetisch Begabter."[9] In das Amt des Propheten wird man von Gott berufen und durch die Gemeindeleitung eingesetzt.

Der Dienst des Propheten ist im Neuen Testament sehr wichtig und steht in der Ämtertrias, der Aufzählung der

Dienste/Ämter im 1. Korintherbrief, neben dem des Apostels: „Und die einen hat Gott in der Gemeinde eingesetzt erstens die Apostel, zweitens <andere> als Propheten, drittens als Lehrer" (1. Korinther 12,28). Ebenso wird das Amt des Propheten in Epheser 4,11-14 als Teil des fünffältigen Dienstes (Ämterquadriga) genannt: „Und er hat die einen als Apostel gegeben und andere als Propheten, andere als Evangelisten, andere als Hirten und Lehrer, zur Ausrüstung der Heiligen für das Werk des Dienstes, für die Erbauung des Leibes Christi, bis wir alle hingelangen zur Einheit des Glaubens und der Erkenntnis des Sohnes Gottes, zur vollen Mannesreife, zum Vollmaß des Wuchses der Fülle Christi."

Bereits zur Zeit Moses hatte Gott das Bedürfnis, persönlich mit dem gesamten Volk Israel zu kommunizieren (siehe 2. Mose 19-20). Dazu musste Mose bestimmte Vorbereitungen treffen. Das Volk Gottes sollte sich zwei Tage lang heiligen und am dritten Tag wollte Gott vor den Augen des gesamten Volkes erscheinen. Als nun Gott mit Donner, Flammen und Hörnerschall im rauchenden Berg erschien, schrak das Volk zitternd zurück und sprach zu Mose: „Rede du mit uns, aber Gott soll nicht mit uns reden, damit wir nicht sterben" (2. Mose 20,19).

Welche Dramatik! Gott wollte bereits damals zu jedem Einzelnen ein tiefe, innige Beziehung haben, mit ihm reden und sich ihm offenbaren. Das Volk Gottes zog es aber vor, über Mose von Gott zu hören. Genauso will Gott auch heute persönlich und nicht nur über andere zu jedem Einzelnen seiner Kinder reden. Die Gabe der Prophetie und die Träger dieser Gabe stehen immer wieder in der Gefahr, dass Menschen nicht mehr selbst auf Gott hören. Sie ziehen es vor, dass Gott durch andere Menschen zu ihnen redet, anstatt sich selbst auf den Weg zu machen, um von Gott zu hören.

> **Zusammenfassend können wir sagen:** Jeder in der Gemeinde kann in unterschiedlichen Graden prophetisch reden und die Gabe der Weissagung anwenden. Aber deswegen ist nicht jeder gleich ein Prophet. Der im Amt stehende Prophet dagegen hat das prophetische Charisma, die Gabe, in der er regelmäßig dient. Dieses Amt muss von Gott bestätigt werden.

2.4 Der Prophet im Verständnis des AT und NT

Das Begriffsverständnis des Alten und des Neuen Testaments unterscheidet sich stark. Für die folgenden Erläuterungen beziehe ich mich auf Reinhold Ulonska.[10]

Nicht nur das Judentum kennt Propheten. Der Begriff kommt aus dem Altgriechischen. Hier bezeichnet der Begriff *Prophet* einen Menschen, der im Auftrag eines Dritten spricht. Im Alten Testament steht meistens der Begriff *Nabi*. Dieses Wort ist abgeleitet vom Verb *nabu* und bedeutet *rufen, hinausrufen, verkündigen*. Das Wort bedeutet außerdem *Berufener*. Im Alten Testament finden sich einige Berufungsgeschichten von Propheten (Berufung Elisas durch Elia (1. Könige 19,19-20), Jeremias Berufung zum Propheten (Jeremia 1), Hesekiels Berufungsvision (Hesekiel 1-3,21)).

„Wir können den Nabi einen berufenen Rufenden nennen – einen Rufenden im Namen und Auftrag des Herrn, einen Gottesboten [...] Daneben gibt es noch andere Ausdrücke für die alttestamentlichen Propheten, die ihren Dienst charakterisieren. So wird der Prophet Gottesmann (= hebräisch ‚Isch – ha elohim') genannt oder Seher (hebräisch ‚Choze'). Der Ausdruck Seher zeigt, dass viele dieser Propheten ihre Prophetien in Gesichtern und Visionen empfingen."[11] Ein weiterer Schwerpunkt einer prophetischen Berufung sind die Issachar-Propheten. Der Begriff leitet sich von dem Stamm Issachars ab. Von ihnen wird in der Bibel berichtet: „Und von den Söhnen Issachars <solche>, die die Zeiten zu beurteilen verstanden und wussten, was Israel tun musste" (1. Chronik 12,33).

Im Neuen Testament steht der griechische Begriff *Prophétes*. „Nach dem damaligen Verständnis empfängt ein Prophet die Offenbarung, die Impulse, durch seinen Geist und drückt die empfangene Botschaft in eigenen Worten aus. Sein Verstand ist *inspiriert*, aber nicht *ausgeschaltet* [...] Der Prophet ist ein Mensch, zu dem ein Geist redet und der das ihm Offenbarte mit eigenen Worten wiedergibt."[12] Der Prophet war das Sprachrohr seines Gottes, aber trotzdem waren seine Worte nicht unumstößliche Wahrheit, man durfte sie prüfen. Diese Bedeutung hat das Wort auch im Neuen Testament. Ein Prophet ist ein „Für-Redner". Das Wort bedeutet soviel wie „Redner für den Herrn, Verkündiger Seines Redens. Ein Prophet ist ein Mensch, der im Auftrag Gottes empfangene Botschaften weitergibt."[13] Auf der einen Seite steht beim prophetischen Reden im Neuen Testament das Empfangen einer Botschaft durch den Geist Gottes. Auf der anderen Seite steht das Weitergeben dieser Botschaft an andere im Namen und im Auftrag Gottes.

Auch wenn die Begrifflichkeiten ähnlich sind, herrschen im AT und im NT ganz unterschiedliche Konzepte von Prophetie vor. Zur Vertiefung empfehle ich das Buch „Gabe der Prophetie im Neuen Testament und heute" von Wayne Grudem, auf das ich mich im Folgenden beziehe.[14]

Im Alten Testament waren Propheten Boten Gottes. Sie sollten Gottes Worte an ihre Mitmenschen weitergeben. Oft sollten sie als „Boten des Bundes" Israel an seinen Bund mit Gott erinnern. Es war ein Aufruf zur Buße und eine Warnung vor drohender Strafe. Neben den wahren Propheten, die „der Herr in Wahrheit gesandt hat" (Jeremia 28,9) gab es auch falsche Propheten. Ihre Worte entsprachen nicht der Wahrheit und Gott sagt von ihnen: „Ich habe sie nicht gesandt" (Jeremia 29,9). Ein wahrer Prophet gab nicht seine eigenen Worte weiter, sondern die Worte des Herrn, und zwar wortwörtlich. Deshalb stehen die Prophetenworte auch häufig in der „Ich"-Form (z. B. Hosea 4). Das Wort des Propheten *ist* das Wort des Herrn und wurde als reines, unverfälschtes Gotteswort in das Alte Testament aufgenommen.[15]

Da der Prophet ein direktes Sprachrohr für Gottes Worte war, durften diese Worte nicht angezweifelt werden und die Menschen durften sich ihnen nicht widersetzen.

> „Unglaube oder Ungehorsam gegenüber dem Wort des Propheten [war] gleichbedeutend mit Unglauben oder Ungehorsam gegenüber Gott. […] Waren es Gottes eigene Worte, dann waren sie erklärtermaßen wahrhaftig, gut und rein, denn sie kamen von Gott. […] Dies bedeutete „wenn ein Prophet im Namen des Herrn sprach und auch nur eine seiner Prophetien nicht eintraf, so war er ein falscher Prophet und dies wurde mit dem Tode bestraft."[16]

Zwar wurde der Prophet geprüft, aber seine Prophetie war entweder vollständig wahr oder vollständig falsch. Es war nicht möglich, dass er ein paar eigene Worte zwischen den Gottesworten aussprach. Ein wahrer von Gott gesandter Prophet wurde aufgrund der Erfüllung seines Wortes erkannt (Jeremia 28,9).

Wo immer im AT das Reden Gottes vernommen wurde, sprach man von Prophetie. *Mose und die Propheten* bedeutete *das ganze Alte Testament*. Die Worte des Alten Testaments sind Gottes Worte an uns.[17] Dies gilt im Christentum auch für die Evangelien. Die Apostel des Neuen Testaments hatten dieselbe Autorität wie die der Propheten im Alten Testament die Schriftworte niederzuschreiben, die absolute göttliche Autorität besaßen.[18]

Wenn im Neuen Testament von Prophetie die Rede ist, ist damit nicht etwas gemeint, das bereits geschehen ist oder etwas, das in der Zukunft liegt oder etwas, das zugleich für ein gesamtes Volk gilt, sondern eine Wegweisung für unser

Leben heute. Die Bedeutung der Prophetie heute ist daher weniger umfassend. Der Kanon der Bibel ist bereits festgelegt und es werden keine neuen Bücher hinzugefügt. Bei Paulus hat Prophetie daher auch einen anderen Stellenwert als im Alten Testament. Prophetische Reden sind nicht mehr wörtliche Worte Gottes. Sie dürfen hinterfragt werden, denn auch Propheten können Fehler machen.

Alle Prophetie bewegt sich im Rahmen des Wortes Gottes und bringt nichts Widersprechendes oder Neues hinzu. Hinter der Prophetie nach dem neutestamentlichen Verständnis steht jedoch nur die Autorität der rein menschlichen Worte. „Obwohl diese durchaus durch eine ‚Offenbarung' Gottes initiiert sein konnten. Ein Prophet konnte sich irren, konnte falsche Auslegungen geben, und seine Prophetie konnte an jedem Punkt in Frage gestellt oder angezweifelt werden."[19]

Gott spricht in unserer Zeit durch Menschen, die das empfangene Wort durch ihre Persönlichkeit, Erfahrungen und geistliche Reife mehr oder weniger stark filtern. Je höher der „geistliche Grad", desto weniger der menschliche Anteil und umso höher der göttliche Anteil (vgl. Abbildung 1 in Kapitel 2.3). Aus diesem Grund sagt Paulus zu der Gemeinde in Thessaloniki: „Den Geist löscht nicht aus. Weissagung verachtet nicht, prüft aber alles und das Gute haltet fest" (1. Thessalonicher 5,21). Alle Prophetie und Erkenntnis ist Stückwerk. Jede Prophetie wird nur ein Teil, ein Stück offenbaren, aber nie das ganze Bild. „Denn wir erkennen stückweise, und wir weissagen stückweise" (1. Korinther 13,9).

Prophetie heute ist ein Reden Gottes im Rahmen der Bibel, nicht mehr und nicht weniger, auch wenn es sich um Prophetien von namhaften Propheten handelt. Jeder Christ hat die Verantwortung und Pflicht vor Gott, das erhaltene prophetische Wort zu prüfen und zu beurteilen. Wenn wir aber die Prophetie im Gebet mit Gottes Hilfe (nicht nur mit dem Verstand und den Gefühlen) geprüft haben und wissen, dass sie aus dem Herzen Gottes kommt, dann liegt es an uns, diese Prophetie anzunehmen und dafür zu beten und sie in uns aufzunehmen, bis der Zeitpunkt kommt, an dem sie eintrifft.

> „Der neutestamentliche Prophet empfängt Eingebungen des Heiligen Geistes in seinem Geist. Diese Eingebung oder Inspiration von Gott gibt er an die Menschen weiter. Sein Bewusstsein ist dabei nicht ausgeschaltet. Gottes Geist gibt seinem Geist (dem Geist des Propheten) die Offenbarung. Er braucht also ein offenes Ohr für Gott. Ebenso einen gottgeweihten eigenen Geist, damit er die Gedanken Gottes klar empfängt und möglichst unbeeinflusst von seinen eigenen Ideen weitergibt. Da der Empfang der Prophetie im Geist des Propheten stattfindet, der ihm untertan ist, verstehen wir die Verantwortung des Propheten. Er muss sich in Zucht nehmen, um die Botschaft des Heiligen Geistes treu weiterzugeben."[20]

Treu bedeutet hier, die Botschaft weiterzugeben, ohne eigene Kommentare oder zielgerichtete Deutung mit hineinzumischen.

Die folgende Tabelle fasst diese Informationen noch einmal zusammen.

Der Prophet im AT	Der prophetisch Begabte im NT
• war Bote des Bundes von Gott mit Israel • war ein direktes Sprachrohr Gottes (wortwörtliche Wiedergabe des Reden Gottes) • war in Wahrheit gesandt und wurde an der Erfüllung seiner prophetischen Worte erkannt • sprach in Ich-Form (da direktes Reden Gottes) • rief häufig zu Buße und Umkehr auf oder verkündigte Gericht • Ungehorsam gegenüber dem prophetischen Wort war gleichbedeutend mit Ungehorsam gegenüber Gott	• gibt das empfangene prophetische Wort durch einen menschlichen Kanal weiter, dadurch wird es gefiltert • lässt das Wort prüfen • prophezeit stückweise • der Geist ist dem Propheten untertan • spricht: Ich habe den Impuls von Gott • drückt das Wort so aus, dass es Korrektur zulässt • bewegt sich im Rahmen von Erbauung, Ermutigung und Trost

> **Zusammenfassend können wir sagen:** Im AT prophezeiten nur die von Gott eingesetzten Propheten. Heute kann jedes Gotteskind prophezeien. Das Amt des Propheten ist weiterhin limitiert wie im AT, die prophetische Gabe hingegen nicht. Gott spricht seine Offenbarungen zu unserem Geist. Diese Offenbarung wird – durch menschliche Worte und durch die Persönlichkeit und Reife der jeweiligen Person gefiltert – weitergegeben. Das prophetische Reden muss geprüft werden.

2.5 Prophetie heute: im Rahmen von Ermutigung, Trost und Erbauung

Prophetie bewegt sich im Rahmen von Ermutigung, Trost und Erbauung. „Wer aber weissagt, redet zu den Menschen zur Erbauung und Ermahnung und Tröstung […] wer aber weissagt, erbaut die Gemeinde […] So aber auch ihr, da ihr nach geistlichen Gaben eifert, so strebt danach, dass ihr überreich seid zur Erbauung der Gemeinde" (1. Korinther 14,3-5+12). Gott will die guten Dinge und die Berufungen, die er in uns hineingelegt hat, in uns zur Entfaltung bringen. Er will uns nicht entmutigen und kleinmachen. Der Begriff Ermahnung meint eher einen Ansporn, nach dem Fallen wieder aufzustehen, als ein Verurteilen oder gar Verdammen. Obwohl Jesus die schlechten Seiten von Petrus kannte, sprach er nur die Dinge aus, die Petrus nach seinem persönlichen Veränderungsprozess für Gott würde tun können (Matthäus 16,18-20). So spricht Gott auch Dinge über uns aus, die zwar in uns angelegt, jetzt aber noch nicht sichtbar sind. Doch durch die Hand Gottes können sie zur Entfaltung kommen, wenn wir uns verändern lassen.

Prophetie ist immer Stückwerk. Es entsteht niemals das komplette Bild, sondern Stück für Stück kommen wie bei einem Puzzle Teile dazu. Ein Prophet gibt ein Teil weiter und ein anderer ein anderes Teil. Manches muss vielleicht wiederholt werden, da es in Vergessenheit geraten ist. Die einzelnen Teile führen mit der Zeit zu einem vollständigen Bild.

Auch wenn wir diese Unterscheidung eigentlich kennen, handeln wir doch teilweise im praktischen Umgang mit prophetischen Worten (sowohl beim Geben als auch beim Empfangen) nicht entsprechend. Wir orientieren uns eher am Verständnis des Alten Testaments und übersehen, dass die Bedeutung prophetischer Worte sich gewandelt hat. Wenn ein von uns gegebenes prophetisches Wort abgelehnt wird, kommen wir leicht in Versuchung, dies als Ungehorsam anderer gegenüber Gott auszulegen, statt uns entspannt zurückzulehnen und darauf zu vertrauen, dass Gott das prophetische Wort nochmals durch andere Zeugen bestätigen wird. Ich habe die Erfahrung gemacht, dass Gott Dinge, die ich geistlich schon früher gesehen hatte, zu einem späteren Zeitpunkt bestätigte. Als prophetisch Begabter bin ich in meinem Eifer manchmal etwas vorausgaloppiert. Doch Gott hat für alles eine Zeit.

Nach dem Verständnis des Neuen Testaments ist nicht der Prophet der geistliche Leiter der Gemeinde, sondern der eingesetzte Gemeindeleiter. Durch Prophetie gibt Gott Hinweise und Impulse, diese werden nach einer Prüfung durch die Gemeindeleitung umgesetzt und nicht durch den Propheten. Die alttestamentliche Haltung, die wir manchmal auch unbewusst einnehmen, macht sich folgendermaßen bemerkbar:

- Man ist beleidigt, wenn das prophetische Wort nicht angenommen wird.
- Man verurteilt diejenigen, die das prophetische Wort ablehnen, als Ungehorsam gegenüber Gott.
- Man muss sein Wort unbedingt sagen, auch wenn die Gemeinde-/Gottesdienstleitung es als nicht passend empfindet.

Grundlagen der Prophetie

- Man sagt: „So spricht der Herr!"
- Man lässt sich in seiner Person nicht korrigieren, ist der kantige ungehobelte Prophet.
- Man bringt Mystisches in die Gabe mit hinein.
- Man nimmt eine Niemand-hört-auf-mich-Haltung ein.

Hier benötigen wir Korrektur. Doch es gibt noch weitere Punkte, in denen wir von Gottes Plan für uns abweichen können.

Als prophetisch Begabte sollten wir uns nicht geistlich überschätzen und denken, dass Gott ganz alleine durch uns redet und alle anderen geistlich blind und taub sind. Gott bestätigt eine Sache oft durch zwei oder drei Zeugen, besonders wenn es sich um wichtige Dinge handelt. „(Von den) Propheten aber sollen zwei oder drei reden und die anderen sollen urteilen" (1. Korinther 14,29).

Für mich stehen Prophetie und prophetische Worte im Grunde auf derselben Ebene wie eine von Gott inspirierte Predigt. Sie sind nicht mehr und nicht weniger. Es ist ein persönliches Reden Gottes durch uns fleischliche Menschen.

Ein richtiger, wahrer Prophet kann eine falsche Prophetie aussprechen, ohne gleich ein falscher Prophet zu sein. Ein falscher Prophet kennzeichnet sich dadurch, dass er versucht, zu manipulieren und Kontrolle auszuüben oder durch seine „Gabe" gegen bestehende Ordnung zu rebellieren.

Manchmal wird die prophetische Gabe als Rechtfertigung für versteckte Kritik oder das Richten anderer benutzt. In dem Moment, in dem wir prophetisch reden, sind wir in der Gefahr, uns über den anderen zu erheben. Wir erkennen etwas über ihn, was uns vorgaukelt, geistlicher oder besser zu sein, da wir scheinbar eine höhere Erkenntnis haben. Dies ist falsch, denn wir dienen in einer Gabe, die Gott uns verliehen hat, und diese hat nichts mit unserem Charakter oder geistlichen Stand zu tun. Oftmals sind wir dann wie der Pharisäer neben dem Sünder, der sich an die Brust klopft und sagt: „Gott ich danke dir, dass ich nicht bin wie die übrigen der Menschen: Räuber, Ungerechte, Ehebrecher oder auch dieser Zöllner" (Lukas 18,11). Bei der Gabe der Prophetie geht es aber nicht darum, die verborgenen Schwächen und Sünden im anderen sichtbar zu machen, sondern zu ermutigen, zu trösten und zu erbauen.

In einem Seminar erklärte einmal ein Teilnehmer, dass es ihm leicht falle, in anderen Personen oder Gemeinden das Negative zu sehen. Er sah dies als die Gabe der Prophetie und erklärte, er habe den Auftrag, diese schlechten Dinge anzusprechen. Doch das hat nichts mit Prophetie zu tun. Wenn wir Teil einer Gemeinde sind, ist es ganz natürlich, dass wir auch die Dinge sehen und erkennen, die nicht so gut klappen. Wir Menschen sind voller Fehler, so auch die Gemeinde als Ganzes.

Viele Menschen sehen viel leichter das Negative als das Positive. Besonders in Deutschland ist diese Haltung sehr verbreitet. Gottes Perspektive und Möglichkeiten aber sind völlig anders. Die Perspektiven und Früchte einer Kritik an allem Negativen sind Verdammnis, Gericht und Verurteilung.

Die Sichtweise Gottes dagegen ist ganz anders:
- Gott sieht die Finsternis und spricht: „Es werde Licht!" (1. Mose 1,3). Oder: „Denn siehe Finsternis bedeckt die Erde und Dunkel die Völkerschaften; aber über dir strahlt der Herr auf, und seine Herrlichkeit erscheint über dir (Jesaja 60,2)." Gott proklamiert Licht und es wird Licht. Finsternis können wir nur aus einem Raum verjagen, indem wir das Licht anmachen. Warum sollte dies ausgerechnet im Umgang mit prophetischen Worten umgekehrt funktionieren? Warum sollte jemand voller Freude zu Gott rennen, wenn ich ihm vor der ganzen Gemeinde etwas über seine Probleme und Sünden erzähle? Die meisten kennen ihre Probleme nur zu gut, wissen aber nicht, wie sie diese bewältigen können. Hier brauchen sie Perspektive.

- Gottes Perspektive ist nicht, dass wir gegen die Begierden des Fleisches kämpfen und dann voll des Geistes werden, sondern umgekehrt. Wenn wir im Geist wandeln, werden wir die Begierden des Fleisches nicht erfüllen (Galater 5,16). Voll des Geistes sein heißt, voll des Lichtes sein und dies vertreibt die Finsternis.
- Nicht mehr Heiligung, sondern mehr Liebe.
- Mehr Hoffnung – weniger Hoffnungslosigkeit.
- Mehr Heilung – weniger Krankheit.
- Mehr Gnade – weniger Verdammnis.
- Mehr Vergebung – weniger Sünde.
- Mehr Glaube – weniger Zweifel.

Auf der anderen Seite kann derjenige, dem ein prophetisches Wort durch andere mitgeteilt wird, unter geistlichen Druck kommen zu handeln, wenn er diese Situation persönlich noch gar nicht so sieht. Dann ist es hilfreich, das erhaltene prophetische Wort erst einmal mit den Leitern durchzusprechen. Wenn es wirklich nicht aus dem Herzen Gottes kam, legt man das Wort schließlich zur Seite, ohne den Propheten gleich einen falschen Propheten zu nennen (mehr zum Thema *Prüfen* in Kapitel 4.4). Wenn wir kein inneres Ja zu einer Prophetie finden, haben wir das Recht, die Prophetie zur Seite zu legen oder abzulehnen.

> **Zusammenfassend können wir sagen:** Die Gabe der Prophetie ist nicht das Recht auf Kritik. Gott möchte, dass wir Leben prophezeien, Hoffnung und Glaube weitergeben, Heilung, Vergebung und Gnade ausrufen.

2.6 Der Kern der Prophetie

„Denn das Zeugnis Jesu ist der Geist der Weissagung (Prophetie)" (Offenbarung 19,10). Jesus war bekannt als machtvoller Prophet in Wort und Tat (Lukas 24,19). Er offenbarte übernatürliches göttliches Reden bei verschiedenen Gelegenheiten. Er sprach zu Nathanael über Dinge, die er im Natürlichen nicht wissen konnte (Johannes 1,46-51). Das brachte augenblicklich eine Glaubensaussage bei Nathanael hervor.

Jesus war die Erfüllung der Heilsprophetie und Prophet zugleich. In ihm waren alle Dienste der neutestamentlichen Heilszeit vereinigt. Johannes macht deutlich, dass Jesus selbst das Wort ist. „Im Anfang war das Wort, und das Wort war bei Gott, und das Wort war Gott" (Johannes 1,1). Jesus ist das Bibelwort, das *Logos*-Wort, und er ist das aktualisierte, prophetische Wort, das *Rhema*-Wort. Prophetisches Reden geschieht durch Worte; und Worte sind schöpferisch und rufen etwas hervor, das vorher nicht da war (Römer 4,17).

Jeder, der in der Gabe der Prophetie handelt, handelt im Sohn, der uns den Heiligen Geist gegeben hat, um uns alle Dinge zu lehren. Im AT hat Gott durch seine Propheten zu seinem Volk gesprochen. Im NT und heute spricht Gott durch seinen Sohn Jesus zu uns. In Jesus liegen der Wesenskern und die Erfüllung des prophetischen Wortes. „Nachdem Gott vielfältig und auf vielerlei Weise ehemals zu den Vätern geredet hat in den Propheten, hat er am Ende dieser Tage zu uns geredet im Sohn (Hebräer 1,1-2). Der Heilige Geist ist nun der Vertreter Jesu hier auf Erden und spricht durch uns, seine Jünger und Kanäle.

Als Allererstes weist Prophetie auf Jesus hin und verherrlicht den Vater. Es geht um die Wahrheiten Gottes. Alles ist auf Jesus hin geschaffen, auch die Prophetie. Somit sind der Inhalt und das Wesen jeder Prophetie das Hinweisen auf die Person Jesu. Menschen sollen aufgrund der Prophetie wieder auf die Perspektive Gottes hingewiesen und auf ihn hin ausgerichtet werden. Alles andere, was nicht das Zeugnis Jesu beinhaltet, ist zu verwerfen.

Prophetische Worte, der prophetisch Begabte, die Gabe selbst sind nur Werkzeuge für den göttlichen Willen. Prophetisch Begabte sollen Werkzeuge der Gerechtigkeit sein. Es soll nicht der Name des Werkzeugs groß gemacht werden, sondern ausschließlich der Name Jesu.

Jesus ist gekommen, um uns das Leben in Fülle zu geben. So bedeutet Prophetie auch Wiederherstellung, Heilung und Erlösung von dem, was der Teufel zerstört, gestohlen und geraubt hat. Gott will erneuern, zusammenfügen und heilen. Der Blick der Niedergeschlagenen wird aufgerichtet zu Jesus. Von sich selbst und den eigenen Bedürfnissen und Nöten weg hin zu Jesus und zu seinen göttlichen Plänen. Ich vergleiche das prophetische Wort/Reden gerne mit einer Brücke: Eine Person steht vor einer Schlucht und möchte gerne auf die andere Seite, dorthin, wo das Neue und Verheißene ist, sie möchte das Alte verlassen. Aber wie kann das funktionieren, wie kann es bewerkstelligt werden – aus eigener Kraft geht es nicht. Wer hilft dabei? Gott in seiner Liebe kennt unsere tiefsten Gedanken und Gefühle und er hat Pläne mit uns. Er zeigt sie einem Dritten, der uns dabei hilft eine Brücke, einen Weg zu finden, um in das Neue hineinzugehen. Durch das prophetische Wort wird das Neue freigesetzt, es wird ausgerufen und neue Hoffnung entsteht, Glaube bildet sich und die Person weiß plötzlich: Gott kennt mich, er liebt mich, er hat einen Plan, um auf die andere Seite zu kommen. Mut wird frei, sich in Bewegung zu setzen. Die Abbildung auf Seite 44 verdeutlicht dies.

> **Zusammenfassend können wir sagen:** Im Mittelpunkt der Prophetie steht die Verherrlichung Jesu. Kern der Prophetie ist es, die Gläubigen in eine tiefere und engere Beziehung mit Gott-Vater und in eine neue intensive Leidenschaft für Jesus hineinzuführen.

Das prophetische Wort ist wie eine Brücke

| Ägypten | Das rote Meer | Land der Verheißung |

Abbildung 2: Das prophetische Wort als Brücke

2.7 Anregungen zur Vertiefung

- Was ist deine bisherige Erfahrung mit dem Thema Prophetie?
- Hast du bereits prophetische Worte erhalten? Sind sie eingetroffen? Haben sie sich erfüllt?
- Redet Gott durch dich zu anderen? Was ist deine Erfahrung damit?
- Welche der Geistesgaben ist bei dir am stärksten ausgeprägt?
- Hast du eher ein alttestamentliches oder ein neutestamentliches Bild von der Gabe der Prophetie? Wie ist deine unbewusste Haltung?
- Was bedeutet Offenbarung 19,10 für dich? Schreib deine Gedanken auf!

❸
Die Offenbarungsebene

Mike Bickle unterscheidet zwischen Offenbarung, Auslegung/Interpretation und Umsetzung/Erfüllung.[21] In allen drei Bereichen können Fehler entstehen. Deshalb brauchen wir in jedem Bereich Gottes Hilfe und Weisheit.

Offenbarung meint das Rohmaterial der göttlichen Kommunikation. Darum geht es in diesem Kapitel. *Auslegung/Interpretation* bedeutet, dass jedes prophetische Wort ausgelegt werden muss (mehr dazu in Kapitel 5). Der letzte Schritt ist die *Umsetzung und Erfüllung* der prophetischen Worte und auch da brauchen wir viel göttliche Weisheit (mehr dazu in Kapitel 6). Wenn es darum geht, dass Gott sich offenbart, benutzt man oft den Ausdruck „Gott redet". Dabei ist wörtliche Rede nur eine der Offenbarungsformen. Gott redet auf verschiedene Arten und Prophetie beinhaltet mehr als nur das Sprechen. Er beschränkt sich nicht nur auf eine Art der Kommunikation, da er kreativ und schöpferisch ist. Gott offenbart sich durch Sprache (innere Gedanken oder hörbar), durch sein Wort (die Bibel), durch Predigt, durch Bilder (sehen), durch innere Lasten (spüren), durch Zeichen und Symbole, durch Dinge, die wir in unserer Umwelt wahrnehmen, durch Träume und Visionen, durch Lobpreis, Tanz, Kunst. Eben durch all unsere geistlichen Sinne. Gott findet bei jeder Person den entsprechenden Kanal, für den diese Person am empfänglichsten ist. Die Grafik auf Seite 46 verdeutlicht dies noch einmal.

3.1 Offenbarung durch das geschriebene Wort Gottes

Prophetie ist ein Werkzeug Gottes für seine Kirche. Durch Prophetie können wir besser hören, was Gott ganz aktuell

GOTT REDET DURCH:

Das geschriebene Wort: Die Bibel	Innere (Gedanken) oder hörbare Stimme
Die Predigt	Innere, geistliche Bilder
Innere Lasten/Gefühle	Visionen (Gesichte) und Träume
Zeichen und Symbole	
Lobpreis (Musik), Tanz, Kunst	Dinge, die wir in unserer Umwelt wahrnehmen

heute zu uns sagt. Gott hat offensichtlich Freude daran, mit uns seine Liebe, Fürsorge und Weisheit zu teilen. Das kann er auf unterschiedliche Weise tun. Eines seiner Mittel ist die Prophetie.

Vielleicht hast du noch nicht so spektakuläre Dinge erlebt, aber wenn du dich von Gott benutzen lässt, wird er durch dich anderen Menschen dienen. Viele Menschen in unterschiedlichsten Gemeinden und darüber hinaus sind grundlegend durch Gottes prophetisches Reden verändert worden.

Es gibt zwei unterschiedliche Begriffe für das Wort Gottes: *Logos-Wort* und *Rhema-Wort*. Die Bedeutung von *Logos* ist: „allgemeines Wort" oder „Worte generell". Logos meint das geschriebene Wort, die Bibel. Die Bedeutung für *Rhema* ist „spezifisches Wort" oder ein „Wort für eine bestimmte Situation". Rhema meint einen speziellen Ausspruch aus dem Wort Gottes durch den Geist.

In seinem Neutestamentlichen Wörterbuch definiert Ralf Luther das Rhema-Wort als eine wirksame Mitteilung (griechisch *Rhema*) Christi (Römer 10,17). „Das heißt:

Wenn unter der Verkündigung Christus den Hörern nahe ist, kommt es bei ihnen zu einem Aufhorchen, das zum Glauben führt.[22]

Erst wenn wir das *Logos*-Wort – die Bibel – kennen, kann daraus ein *Rhema*-Wort entstehen: Ein Bibelvers wird für einen selbst, in dem Moment, wo man ihn liest, lebendig und gibt aktuelle Weisung. Oder ein Bibelvers wird einer Person zugesprochen und bekommt dadurch zu diesem Zeitpunkt für diese Person ein größeres Gewicht und eine persönliche Bedeutung. Das Bibelwort wird zu einem persönlichen Wort oder einer prophetischen Offenbarung für uns oder jemand anderen. So entgegnet Jesus dem Teufel bei der Versuchung mit Hilfe des Wortes Gottes in die aktuelle Situation hinein: „Es steht geschrieben: ‚Nicht von Brot allein soll der Mensch leben, sondern von jedem Wort, das durch den Mund Gottes ausgeht!' (Matthäus 4,4). Auch durch das prophetische Reden kann das bekannte *Logos*-Wort zu einem neuen *Rhema*-Wort werden.

Die Grundlage für prophetisches Reden ist das aufgeschriebene Wort. Unsere Grundlage ist die Bibel. Diese müssen wir kennen und immer wieder studieren. Gott sagt nichts, was über sein Wort hinausgeht. Alles lässt sich in diesem Licht prüfen. Nichts Ergänzendes oder gar Widersprechendes kann, darf und soll hinzukommen. Im Alten Testament sind Aussagen und Gedanken der Propheten zum *Logos*-Wort geworden. Doch das ist in unserer heutigen Zeit nicht mehr so, da der Kanon der Bibel feststeht und abgeschlossen ist. „Es muss mit aller Entschiedenheit darauf geachtet werden, dass niemals eine Lehre auf prophetische Botschaften aufgebaut werden darf. Für die Lehre der Gemeinde ist ausschließlich die Heilige Schrift zuständig."[23]

Um Gottes Reden zu verstehen, müssen wir das Wort Gottes kennen. Dabei geht es darum, die Bibel zu studieren und im Herzen zu bewegen, zu meditieren, zu verinnerlichen, Gottes Wort lebendig werden zu lassen, auch durch Visualisieren. Schon oft hat Gott durch einen Bibelvers, der mir wichtig war und den ich immer und immer wieder gelesen hatte, verstärkt zu mir gesprochen. Gottes Wort ist lebendig. Das Wort Gottes, die Bibel, sollte reichlich in uns wohnen (Kolosser 3,16) und wir sollten es zu uns nehmen wie eine Speise und danach leben. Es sollte eine Wirklichkeit in uns werden, die stärker als alle Umstände und Gefühle ist.

Vielleicht hast du das auch schon erlebt: Du liest die Bibel und plötzlich hast du das Gefühl, dass dich ein bestimmter Vers geradezu anspringt, dass er zu leuchten beginnt. Oder du wirst wieder und wieder an einen Bibelvers erinnert. Je mehr ich die Bibel kenne, desto größer werden die Offenbarungen und desto mehr nimmt meine Erkenntnis über den dreieinigen Gott zu.

Gott redet durch viele weitere Kanäle mit uns. Aber immer gilt: Die prophetische Offenbarung fügt dem geschriebenen Wort in der Bibel nichts hinzu und widerspricht diesem nicht.

> **Zusammenfassend können wir sagen:** Gott redet auf unterschiedliche Weise. Aus dem Lesen und Kennen des Logos-Wortes (Bibel) entstehen persönlich zu uns gesprochene Rhema-Worte (in einer spezifischen Situation durch den Geist geoffenbarte und lebendig gemachte Worte Gottes). Die Bibel ist die Grundlage für alle prophetischen Worte. Prophetische Worte dürfen niemals über das geschriebene Wort der Bibel hinausgehen oder ihm gar widersprechen.

3.2 Offenbarung durch eine innere oder hörbare Stimme

Das gesprochene Wort kann sowohl eine leise Stimme sein, die wir in unserem Inneren, unserem Geist vernehmen, als auch eine mit unseren Ohren hörbare Stimme.

1. Samuel 3,10-11: „Und der HERR kam und trat herzu und rief wie vorher: Samuel, Samuel! Und Samuel antwortete: Rede, denn dein Knecht hört. Da sprach der HERR zu Samuel: Siehe, ich will etwas tun in Israel, dass jedem, der es hört, beide Ohren gellen sollen", 1. Mose 22,2: „Gott sprach zu Abraham" oder 2. Mose 3,4: „Gott sprach aus dem Dornbusch".

Sehen wir uns die Geschichte von Samuel etwas genauer an. Samuel lebte im Tempel mit Eli, seinem Lehrer oder Mentor. Alles, was er wusste, hatte ihm Eli beigebracht. Doch eines Nachts begann Gott, selbst mit Samuel zu reden. 1. Samuel 3,6 „Und der Herr rief noch einmal: Samuel!" Der Junge hörte zwar die Stimme Gottes, aber er glaube, es sei Eli. Wer sonst sollte ihn mitten in der Nacht bei seinem Namen rufen? Eli ermutigte Samuel, auf das Rufen Gottes zu antworten und zu hören, was Gott zu ihm reden würde. So lernte Samuel, die Stimme Gottes von der Stimme Elis zu unterscheiden.

Genauso redet Gott auch heute noch, und auch wir müssen lernen, die Stimme Gottes von den anderen Stimmen in uns zu unterscheiden. Samuel war im Tempel, wo die Lade Gottes war (Vers 3). Der Tempel ist ein Ort des Gebets und die Lade Gottes war ein Zeichen für die Gegenwart Gottes. Manchmal müssen wir an so einen ruhigen Ort des Gebets und der Gegenwart Gottes gehen, um zu lernen, die Stimme Gottes von anderen Stimmen zu unterscheiden.

Gott sagt in Jesaja 42,9: „Das Frühere, siehe, es ist eingetroffen, und Neues verkündige ich. Bevor es aufsprosst, lass ich es auch hören."

3.3 Offenbarung durch eine Predigt

Gott benutzt das gesprochene Wort, die Predigt oder Auslegung der Bibel, um Glauben in uns aufzubauen und uns Dinge aus seinem Herzen zu offenbaren. Glauben entsteht durch das Hören des Wortes Gottes. Unsere Erkenntnis über ihn und sein Wort soll zunehmen und uns verändern. Gott kann uns durch eine Predigt zur Umkehr von unseren eigenen Wegen führen.

3.4 Offenbarung durch innere Bilder

Die Menschen sind sehr unterschiedlich. Der eine ist mehr visuell, der andere mehr auditiv, ein Dritter mehr kognitiv veranlagt und geprägt. Deshalb redet Gott durch verschiedene Kanäle zu uns, auch wenn die Gedanken der Hauptkanal sind. Zu manchen prophetisch Begabten redet Gott in Bildern. Sie sehen Dinge, die Gott offenbaren, bildlich vor sich. Damit sind hier nicht Visionen und Träume gemeint. Jesus selbst hat oft in Bildern gesprochen und sie herangezogen, um den Menschen etwas zu veranschaulichen.

Zu meiner Frau redet Gott sehr oft in Bildern. Es sind Bilder, die sie sieht und doch nicht sieht. Sie sieht sie nur in ihrem Geist. Ihre Umgebung bleibt unverändert. Es ist so, als würden sich zwischen unserer sichtbaren Realität und der geistlichen Bilder formen. Als ob man einen geistlichen Fernseher anschalten würde. Gott zeigt ihr durch Bilder, was er zu einer bestimmten Person, einer Gemeinde oder auch zu Städten und Regionen sagen will. Bilder können uns aber auch eine Situation zeigen, in der sich eine Person gerade befindet, deshalb ist es sehr wichtig, Gott immer zu fragen, was die Bedeutung des Bildes ist.

In einer Gemeinde haben wir nach der Predigt über einigen Leuten prophezeit. Als Claudia anfing, für eine Frau zu beten, sah sie zwei Bilder: In dem einen lag diese Frau auf ihren Knien im Gebet, in dem anderen tanzte sie vor Freude. Claudia fragte Gott, was das bedeutete. Er antwortete: Diese Frau ist eine Beterin, sie wird im Gebet Dinge bewegen, und wenn ihre Gebete erhört werden, wird sie voller Freude tanzen und mir danken.

3.5 Offenbarung durch Dinge, die wir in unserer Umwelt wahrnehmen

Manchmal wird ein natürliches Ereignis zum Katalysator für die Stimme Gottes. Ein Beispiel steht in 1. Samuel 15,27-28: Als König Saul das Oberkleid Samuels zerriss, sagte ihm der Prophet, dass Gott an diesem Tag das Königtum von ihm abgerissen hätte.

Ein weiteres Beispiel ist das von Jeremia und dem Töpfer (Jeremia 18,1-10). Die prophetische Offenbarung fängt an, als Gott Jeremia zum Töpfer schickt. Gott gibt ihm einen Auftrag, indem er zu ihm spricht: „Mache dich auf und geh in das Haus des Töpfers hinab, und dort werde ich dich mein Wort hören lassen" (Jeremia 18,2). Nachdem Jeremia dem Töpfer zugesehen hat, gibt Gott ihm eine geistliche Interpretation des Gesehenen: „Siehe, wie der Ton in der Hand des Töpfers so seid ihr in meiner Hand, Haus Israel (Jeremia 18,7)."

In einer anderen Begebenheit fragt Gott Jeremia: „Was siehst du, Jeremia?" (Jeremia 1,11) Jeremia beschreibt einen Mandelzweig, der ein Sinnbild ist für das, was Gott tun wird. Und Gott antwortet: „Denn ich werde über meinem Wort wachen, es auszuführen" (Jeremia 1,12).

Dies ist der Prozess, der beim Empfangen von prophetischen Worten durch den visuellen Kanal abläuft. Von ganz einfachen natürlichen Dingen ausgehend kann Gott uns zu einem prophetischen Wort bringen, wenn wir ihn bitten unsere Augen und Ohren zu salben. Wir können manchmal z. B. von dem Outfit einer Person ausgehend auf ihren inneren geistlichen Zustand schließen. Oder Gott gebraucht Gegenstände aus unserem Alltag, aus der Natur, um zu uns zu reden.

Matthäus 21,18-22: Jesus lässt den Feigenbaum verdorren. Als seine Jünger über dieses Wunder staunen, erklärt er: „Und alles, was immer ihr im Gebet glaubend begehrt, werdet ihr empfangen" (Matthäus 21,22).

2. Mose 3,2: Gott holt sich die Aufmerksamkeit Moses durch einen brennenden Dornbusch.

3.6 Offenbarung durch Visionen und Träume

Gott redet auch durch Träume und Visionen. Visionen (oder Gesichte) sind dabei mehr als nur bildliche Eindrücke, Visionen sind wie ein Film, den Gott vor unseren inneren Augen abspielen lässt. Träume gibt Gott, während wir schlafen. Visionen haben wir, wenn wir wach sind.

Visionen (Gesichte)
Das Buch des Propheten Sacharja und die Offenbarung des Johannes sind zwei wunderbare Beispiele dafür, wie Gott prophetisch durch Visionen redet.

Sacharja beschreibt in Kapitel 1,8 „Ich schaute des Nachts, und siehe ..."

Apostelgeschichte 10,10 erzählt von Petrus: „Er wurde hungrig und verlangte zu essen. Während sie ihm aber zubereiteten, kam eine Verzückung über ihn." Der Begriff *Verzückung* bedeutet hier Vision.

In Visionen gibt Gott Menschen Einblick in die geistliche Welt. Er erlaubt ihnen, Dinge und Ereignisse zu sehen, die wir mit den körperlichen Sinnen nicht wahrnehmen können. Sie sehen diese mit ihren geistlichen Augen. Es ist schwer, dieses Phänomen zu erklären, weil es für unseren menschlichen Verstand nicht greifbar ist.

Visionen bedürfen immer der Erklärung. Sacharja fragt den Engel, der in seiner Vision mit ihm redet, nach der Bedeutung des Gesehenen und dieser erklärt es ihm. In der Apostelgeschichte bereitet der Heilige Geist Petrus durch die Vision von unreinen Tieren, die Gott als rein erklärt, auf das Auftauchen der Boten von Kornelius vor und macht ihm klar, dass das Evangelium auch den Heiden gepredigt werden soll (Apostelgeschichte 10,9-24).

Da solche Dinge mit dem Verstand nicht zu erklären sind, kann es zu zwei falschen Reaktionen kommen: Entweder man leugnet diese Phänomene generell oder man wird stolz und überheblich und überbewertet sie. Wir sollten uns in diesem Bereich an Paulus orientieren, der solche Visionen und Einblicke in die geistliche Welt hatte.

In 2. Korinther 12,2-5 schreibt er: „Ich weiß von einem Menschen in Christus, dass er vor vierzehn Jahren – ob im Leib, weiß ich nicht, oder außer dem Leib, weiß ich nicht; Gott weiß es – dass dieser bis in den dritten Himmel entrückt wurde. Und ich weiß von dem betreffenden Menschen – ob im Leib oder außer dem Leib, weiß ich nicht; Gott weiß es – dass er in das Paradies entrückt wurde und unaussprechliche Worte hörte, die auszusprechen einem Menschen nicht zusteht. Über diesen will ich mich rühmen; über mich selbst aber will ich mich nicht rühmen, nur der Schwachheiten." Paulus bestätigt hier, dass er diese Visionen nicht erklären kann, aber dass sie trotzdem real für ihn sind. Selbst nach solch einem Erlebnis bleibt er demütig und weist auf Jesus hin.

Bei allem, was Gott tut, und den unterschiedlichen Arten, durch die er zu uns redet, dürfen wir nie vergessen, dass all dies dazu dienen soll, das Reich Gottes zu bauen und Jesus zu verherrlichen. Wenn wir eine Vision, ein prophetisches Wort oder sogar Engelerscheinungen haben, dürfen wie nicht vergessen, dass es Gaben sind, die Gott uns geschenkt hat. Wir haben sie nicht verdient und wir sind auch nicht geistlicher als die Christen, die solche Erscheinungen nicht haben. Es bedeutet nur, dass wir eine große Verantwortung haben, mit diesen Dingen weise umzugehen. Wenn wir also einer Vision, einem prophetischen Wort oder einer Person mehr Aufmerksamkeit und Bedeutung schenken als Jesus, haben wir das Ziel verfehlt und diese Dinge werden zu Götzen.

Träume

Gott redet zu manchen Menschen in Träumen. Wenn wir schlafen, ist unser Verstand nicht so stark beteiligt und kann nicht dauernd mit „logischen" Argumenten dazwischenfunken. Träume sind oft sehr symbolisch und bedürfen einer genauen Betrachtung. Ein Zeichen für einen göttlichen Traum kann sein, das wir nach dem Aufwachen noch sehr viel davon wissen. Wir sollten versuchen, den Traum erst einmal aufzuschreiben, ohne ihn gleich zu interpretieren. Für die Auslegung sollten wir den Heiligen Geist im Gebet bitten, uns zu leiten.

Ein Sprichwort lautet: „Träume sind Schäume". Aber das Wort Gottes sagt etwas anderes. In Joel 3,1 steht: „Und eure Söhne und eure Töchter werden weissagen, eure Greise werden Träume haben, eure jungen Männer werden Gesichte sehen."

Träume und Visionen (Gesichte) sind ein Geschenk Gottes, das wir uns selbst nicht verdienen können, sondern das uns geschenkt wird. Auch hier gilt, was in Matthäus 25,29 steht: „Denn jedem, der hat, wird gegeben und überreichlich gewährt werden; von dem aber, der nicht hat, von dem wird selbst, was er hat, weggenommen werden." Wenn wir gewissenhaft mit unseren Gaben umgehen, wird Gott uns segnen und uns mehr geben.

Als Erstes muss ich lernen zu erkennen, welchen Ursprung meine Träume haben. Verarbeite ich mit ihnen den vorangegangenen Tag, sind es „Pizzaträume", die daher kommen, dass ich zu spät zu viel gegessen habe? Oder ist es vielleicht ein göttlicher Traum? Für Träume gelten dieselben Prüfkriterien wie für jedes prophetische Wort.

- Stimmt er mit den Aussagen der Bibel überein? „Prüfet alles und das Gute behaltet" (1. Thessalonicher 5,19).
- „Geistliches muss geistlich beurteilt werden" (1. Korinther 2,13). Was sagt mir der Heilige Geist? Hier müssen die Geister unterschieden werden.

- Bringt der Traum Frieden in mein Herz?
- Bringt er gute Frucht hervor?

Ich nehme es ernst, wenn Gott im Traum zu mir redet. Ich schreibe den Traum sofort auf, ohne ihn zu interpretieren, denn Träume verblassen sehr schnell (Psalm 73,20). Dabei gehe ich sehr detailliert vor und notiere auch „Kleinigkeiten": Farbe, Größe, Automarke etc. Auch die Empfindungen sind sehr wichtig.

Ein Traum vom Meer ist nicht gleich ein Traum vom Meer. Wie sieht das Meer aus? Wo stehe ich? Ist es windig? Empfinde ich eine Ruhe oder eher eine Unruhe wie vor einem Sturm? Usw.

Erst danach bitte ich Gott um die Auslegung. Manchmal muss man mit einem Traum regelrecht schwanger gehen. Die Auslegung formt sich über einen gewissen Zeitraum, bis die göttliche Auslegung zur Geburt kommt. Frage Gott immer wieder und sei nicht frustriert, wenn die Antwort nicht gleich kommt, nimm dir hier ein Beispiel an Daniel: „Und ich bewahrte die Sache in meinem Herzen" (Daniel 7,28).

Träume sind bildlich und reich an Symbolen, deshalb kann es bei der Auslegung oft zu Fehlinterpretationen kommen. Gott gibt so etwas wie eine eigene Traumsprache. Für den einen bedeutet ein Raum mit Fenstern und Türen, die geschlossen sind, *Schutz*, für eine andere Person *Enge*.

Träume erklären sich natürlich am besten durch das Wort Gottes. Welche Bedeutung haben bestimmte Symbole und Gegenstände in der Bibel? (Mehr dazu in Kapitel 5.)

In Joel 3,1 steht: „... eure Greise werden Träume haben." Im Alten Testament werden viele Situationen beschrieben, in denen Gott durch diese Unterschiedliches bewirkt.

- Er warnt Menschen davor, etwas Falsches zu tun. Gott erschien z. B. Abimelech im Traum und erklärte ihm, dass Sara Abrahams Frau war und nicht nur seine Schwester (1. Mose 20,3).

- Er erinnert an Berufungen. Gott redete zu Jakob und der sah die Leiter zum Himmel (1. Mose 28,12).
- Er gibt Strategien. Gott zeigte Jakob durch einen Traum die Taktik für seine Schafzucht (1. Mose 31,3-21).
- Er offenbart das Zukünftige. Josef träumte, was Gott in der Zukunft tun würde (1. Mose 37,5).

Wie alle anderen Prophetien dienen Träume der Erbauung, dem Trost und der Ermutigung. Sie können auch einen seelsorgerischen Charakter haben. Manchmal begegnet Gott uns im Traum und geht mit uns durch die Vergangenheit. Vielleicht träumen wir, dass eine bestimmte Person mit uns redet und betet und Heilung geschieht. Wenn wir dann aufwachen, merken wir, dass wirklich Heilung geschehen ist.

Nun stehen wir wieder in der Gefahr, bei den unterschiedlichen Arten des Redens Gottes eine Werteskala zu erstellen. Wir könnten glauben, dass jemand, der Visionen hat (ein Seher), „prophetischer" ist, als jemand, zu dem Gott „nur" spricht (Nabi-Prophet). Dem ist aber nicht so, wie wir am Beispiel Moses sehen können. Miriam und Aaron begehrten gegen ihren Bruder auf. Gott sprach zu den dreien am Zelt der Begegnung: „Hört doch meine Worte! Wenn ein Prophet des Herrn unter euch ist, dem will ich mich in einer Erscheinung zu erkennen geben, im Traum will ich mit ihm reden. So steht <es> nicht <mit> meinem Knecht Mose. Er ist treu in meinem ganzen Haus; mit ihm rede ich von Mund zu Mund, <im Sehen und nicht in Rätselworten, und die Gestalt des Herrn schaut er" (4. Mose 12,6-8).

3.7 Offenbarung durch prophetische Zeichen und Symbole

Bei prophetischen Zeichen oder Zeichenhandlungen spricht Gott durch Gegenstände und Handlungen oder diese dienen zur Verdeutlichung der Prophetie. Beispielsweise bindet sich

Agabus mit dem Gürtel, um Paulus zu demonstrieren, dass ihn in Jerusalem Gefangenschaft erwartet (Apostelgeschichte 21,11). Durch prophetische Zeichen können Dinge anders und auf eine anschauliche Weise dargestellt und weitergegeben werden. Oftmals geschieht dies durch Gegenstände. Manchmal wird etwas exemplarisch symbolisiert, das gleichzeitig eine zusätzliche Bedeutung für viele weitere Menschen hat.

Im AT sind weitere solcher Beispiele zu finden:

- Hosea 1: Hoseas Eheschließung mit einer Hure und die Namen zweier Kinder als Sinnbild für die Untreue Israels und beim dritten Kind für endzeitliche Gnade.
- 2. Mose 17,9+11: Im Kampf gegen die Amalekiter hatte Mose einen Stab in seinen erhobenen Händen. Solange seine Hände oben waren, siegten die Israeliten, ließ er die Hände jedoch sinken, verloren sie.
- 4. Mose 17,16-26: Das Priestertum Aarons wurde durch einen Stab bestätigt, der über Nacht Blätter und Blüten bekam und sogar reife Mandeln trug.
- 2. Könige 4,38-41: Elisa schüttete Mehl in einen Topf mit Suppe, um ein giftiges Essen genießbar zu machen.
- Jeremia 13,1-11: Jeremia versteckte einen Gürtel. Der Gürtel verrottete mit der Zeit. Dieser unbrauchbar gewordene Gürtel war ein Bild für Israel.

Psychologen haben herausgefunden, dass ein Mensch sich etwas, das mit einer Handlung verknüpft ist, besser merken kann als etwas, das er nur hört, sieht oder liest. Natürlich weiß das auch Gott, der uns geschaffen hat. Und darum benutzt er manchmal diesen Kanal, um sich uns zu offenbaren.

Jesus selbst gebrauchte ebenfalls Situationen und Gegenstände, um etwas deutlich zu machen. Als er dem Blindgeborenen begegnete, spuckte er auf die Erde, machte einen Brei daraus, schmierte diesen dem Blinden auf die Augen und befahl ihm, sich im Teich Siloah zu waschen. Daraufhin wurde er geheilt (Johannes 9,1-7). Auch Jesu Einzug in Jerusalem war ein prophetischer Akt. Er ritt auf einem Esel in die Stadt und die Menschen feierten ihn als König (Lukas 19,35). Jesus wusste sehr wohl, dass er in wenigen Tagen am Kreuz sterben würde. Es war eine Vorschau dessen, was später, erst nach seinem Tod, kommen würde. Auch das Schild am Kreuz mit der Aufschrift „König der Juden" war eine Proklamation von dem, was kommen würde. Die Pharisäer wollten das Schild entfernen lassen und verstanden die dahinterstehende geistliche Bedeutung dieses prophetischen Aktes nicht.

3.8 Offenbarung durch prophetischen Lobpreis, Tanz oder Kunst

Durch den prophetischen Tanz werden prophetische Inhalte und Aussagen ausgedrückt, die Gott weitergeben möchte. Der prophetische Tanz unterstreicht damit auch das Lobpreisgeschehen. Gerade prophetischer Lobpreis kann eine prophetische Salbung verstärken und unterstützen.

In Bezug auf den prophetischen Lobpreis ist das „Lied des Herrn" zu nennen, ein Lied, das Intimität und enge Beziehung mit Gott ausdrückt und frei gesungen wird. Deshalb ist es wichtig, dass es Lobpreiser gibt, die eine prophetische Begabung haben, eine Sensibilität, mit dem Heiligen Geist musikalisch zu harmonieren, zu fließen und diesem Element prophetische Bedeutung zu geben.

Durch die Musik oder den Tanz wird das hörbar und sichtbar, was Gott gerade tut. So ist ruhige Musik ein Hörbarmachen des sanften Wehen des Geistes, ein kämpferischer Rhythmus mit dem Schlagzeug eines für das Kämpfen Gottes für dich.

3.9 Offenbarung durch innere Lasten und Gefühle

Viele Dinge lassen sich nicht so leicht mit Worten oder Bildern wiedergeben. Dann gibt Gott eine innere Last, die körperlich gefühlt werden kann. Ein Schmerz z. B. kann durch Weinen und Schreien ausgedrückt werden. In Römer 8,26 heißt es: „Ebenso aber nimmt auch der Geist sich unserer Schwachheit an; denn wir wissen nicht, was wir bitten sollen, wie es sich gebührt, aber der Geist selbst verwendet sich (für uns) in unaussprechlichen Seufzern." Der Geist Gottes bringt das zum Ausdruck, was wir mit unseren Worten nicht sagen können. Jesus weint über Jerusalem (Lukas 19,41). Gott kann uns Lasten auf unser Herz legen, damit wir sein Herz spüren und so wie Jesus über Jerusalem weinen können.

> **Zusammenfassend können wir sagen:** Gott offenbart sich auf verschiedene Arten und durch verschiedene Kanäle. Sei immer wieder bereit für Gottes unterschiedliches Reden!

3.10 Anregungen zur Vertiefung

- Durch welchen Kanal spricht Gott zu dir oder durch dich?
- Führe ein Gebets-/Prophetietagebuch: Schreib die Impulse, die du hast, regelmäßig auf! Bete zum Beispiel für eine Person und notiere deine Gebete – bitte um ein Feedback!
- Übung: Was siehst du? Beschreibe, was du siehst, wenn du einkaufen gehst, auf der Arbeit, in anderen Menschen! Frage Gott, was er dadurch offenbaren möchte.
- Lass dir einen Bibelvers für eine Person schenken und spreche ihr diesen zu, z. B. Gott sagt zu dir (Name der Person einsetzen), dass du in deinem Harren auf Gott neue Kraft bekommen wirst.

4
Wiedergabe und äußere Form

4.1 Formulierung und äußere Form

Bei der Prophetie gibt es wie bei jeder Kommunikation zwei Seiten. In der Kommunikation spricht man von *Sender* und *Empfänger*. Da der eigentliche Sender bei einer prophetischen Offenbarung Gott ist, spreche ich vom *Geber* – das ist der oder die prophetisch Begabte – und von den *Empfängern* – das sind die Personen, an die der Geber die Botschaft weitergibt.

Neben dem Hören der Offenbarungen Gottes ist die eigentliche Wiedergabe der große Bereich, bei dem die Ausführenden üben und trainieren können und müssen. Gott offenbart etwas in unseren Geist hinein, was wir dann lernen zu verstehen und in menschlichen Worten auszudrücken. Prophetie ist eine Gabe des Heiligen Geistes und kommt durch seine Inspiration.

Man könnte meinen, dass der Heilige Geist sich auch darum kümmert, dass das prophetische Wort in der bestmöglichen Weise weitergegeben wird. Aber das ist nicht der Fall. Paulus sagt, dass der Geber dabei eine große Verantwortung hat: „Alles geschehe anständig und in Ordnung" (1. Korinther 14,40). Diese Ordnung ist unsere Verantwortung, nicht die des Heiligen Geistes. „Und die Geister der Propheten sind den Propheten untertan. Denn Gott ist nicht <ein Gott> der Unordnung, sondern des Friedens" (1. Korinther 14,32). Paulus sagt ferner, dass die Gaben des Heiligen Geistes ein enormer Segen und große Hilfe für die Gemeinde sein können, wenn sie korrekt ausgeübt werden. Umgekehrt kann es bei falscher Ausübung zu großem Schaden kommen.

Wir brauchen also einige Anhaltspunkte zur praktischen Anwendung: 1. Thessalonicher 5,21 ermahnt uns, alles zu prüfen und nur das Gute zu behalten. Das bedeutet, dass verantwortliche Personen die prophetischen Worte prüfen müssen zum Segen für Geber und Empfänger. Prophetie soll von reifen Christen gegeben und von anderen reifen Christen geprüft werden (1. Korinther 14,29; Hebräer 5,11-14). Es darf niemand prophetisch in der Gemeinde reden, der nicht bereit ist, sich diesem Prüf-Mechanismus zu unterstellen, ganz gleich, wie begabt er ist. Selbst Paulus musste sich der Prüfung unterziehen. Die einzige Ausnahme ist Jesus.

> „Ein Prophet soll nur das reden, was er wirklich von Gott gehört hat. Der Prophet muss offen sein für Gottes Reden und dieses Reden Gottes mit eigenen Worten so klar und keusch wie möglich weitergeben. […] Zum Hören und Verstehen der Botschaft Gottes muss nun die zweite Seite hinzukommen, die der rechten *Wiedergabe*. Da bei der Wiedergabe der Prophet im Geist redet, aber nicht der Geist aus ihm, ist es durchaus möglich, dass der Prophet bei der Wiedergabe trotz echter Inspiration auch Menschliches mit in seine Botschaft einfließen lässt."[24]

Wie bereits in Kapitel 2 beschrieben ist die Rolle des Propheten heute eine andere als im Alten Testament. Wir dürfen daher nicht in alttestamentlicher Weise unsere Worte wiedergeben mit „So spricht der Herr", sondern sollten auch in unserer Formulierung ausdrücken, dass alles geprüft werden muss, z. B. mit den Worten: „Ich habe den Impuls!" oder „Ich höre den Heiligen Geist/Gott sagen!" Dabei sollten wir aber keine große Unsicherheit ausstrahlen, da diese auch die Empfänger verunsichern würde.

Prophetisch begabte Menschen kleiden ihre Botschaft manchmal in unorthodoxe Stile, um dem Wort eine größere Bedeutung zu geben oder um sich selbst dadurch aufzuwerten. Manchmal ist die Botschaft richtig, aber die Art und Weise der Wiedergabe ist völlig falsch oder übertrieben.

„Bestimmte Vorgehensweisen, Methoden oder Stile im Dienst eines prophetisch begabten Menschen erzeugen weder Vollmacht noch Salbung."[25] Auch Methoden der Wiedergabe zu wiederholen, nur weil diese Methoden früher Salbung hervorgebracht haben, ist unreif. Die Methode sollte nicht zu einer falschen Krücke werden.

Einen Mythos zu benutzen, der dem prophetischen Dienst anhängt, nur um andere Menschen zu beeindrucken und zu beeinflussen, ist ungeistlich. „Viele prophetisch begabte Menschen nehmen sich irgendwann selbst zu wichtig oder beginnen, das Gefühl zu lieben, auf andere einen solchen Einfluss ausüben zu können. Sie geraten in Versuchung, sich selbst geistlicher, heiliger und empfänglicher aussehen zu lassen, als sie es in Wirklichkeit sind."[26]

Es ist notwendig, den Mythos des prophetischen Dienstes hinter sich zu lassen und klar und nüchtern die Worte weiterzugeben, die Gott einem aufs Herz legt, ohne dabei von der Kraft und der Klarheit des Redens Gottes etwas wegzunehmen.

> **Zusammenfassend können wir sagen:** Wir müssen genau das weitergeben, was Gott uns aufgetragen hat. Wir dürfen nichts hinzufügen und nichts weglassen. Die Offenbarungen sollen nicht mystisch oder dramatisch aufgewertet werden.

4.2 Einstimmen auf das Reden Gottes

Für viele Leute sind die Gaben des Heiligen Geistes ein Geheimnis und bleiben es auch. Dies gilt besonders für die Gabe der Prophetie. Aber in 1. Korinther 12,1 macht Paulus deutlich, dass wir in diesen Dingen klar sehen und nicht in Unkenntnis bleiben sollen. Auch wenn die Geistesgaben übernatürlich sind, so sind sie doch nicht mysteriös.

Für viele ist dies ein Problem der praktischen Erfahrung. Sie wissen nicht recht, wie man mit so etwas umgeht und so bleibt alles irgendwie im Dunkeln. Wenn diese Gabe aber Gott so wichtig ist, dann wird er auch für Verständnis und Anwendbarkeit sorgen.

Alles fängt mit unserer Beziehung zu Gott an. Gott offenbart sich seinen Freunden. Seine Freunde zieht er ins Vertrauen über seine Geheimnisse (Johannes 15,14-15).

Gott ist ständig am Reden, seine Offenbarungskraft ist ständig gegenwärtig. Sprache ist eng mit dem Wesen Gottes verknüpft. Der Himmel manifestiert sich durch Sprache. „Da redeten die miteinander, die den Herrn fürchteten, und der Herr merkte auf und hörte" (Maleachi 3,16).

Wenn wir über Göttliches reden, dann schenkt Gott weitere Offenbarung. Dies erleben meine Frau und ich oft, wenn wir uns samstagmorgens über Dinge des Geistes oder ungeklärte Fragen unterhalten. Plötzlich kommt dann im Gespräch die Offenbarung Gottes und ich muss sie nur noch aufschreiben.

Dies ist wie bei einem Radio. Der richtige Sender muss eingestellt werden, damit wir ihn hören können. Die Radiowellen sind um uns herum, wir können sie aber nicht hören, solange wir das Radio und den richtigen Sender nicht einschalten.

In Johannes 12,29 wird von Jesus eine Situation beschrieben, in der Gott redet: Einige der Menschen um ihn herum erleben dieses Sprechen als Donner, die anderen spüren, dass ein Engel geredet hat. Dies zeigt, wie die unterschiedliche Schärfung und Wahrnehmungsfähigkeit unserer geistlichen Ohren und vielleicht auch unsere Vorbehalte darauf einwirken, ob und wie wir das Reden Gottes vernehmen.

Die Gabe der Prophetie ist eine wunderbare Gabe, nach der sich, wie Paulus schreibt, jeder ausstrecken sollte. „Strebt nach der Liebe; eifert aber nach den geistlichen Gaben, besonders aber, dass ihr weissagt" (1. Korinther 14,1). Sie kann wunderschöne Dinge hervorbringen und Neues freisetzen, Menschen werden wieder mit Gott versöhnt, sie heilen in der Beziehung zu ihm und entdecken ihre Berufung. Menschen werden auf Jesus hin ausgerichtet. In der verantwortungsvollen Hand der Gemeinde wird die prophetische Gabe zum großen Segen.

Es ist wie bei einem Stein, den man ins Wasser wirft und der konzentrische Kreise bildet, die sich immer mehr ausbreiten. Prophetie betrifft oftmals zunächst nur einen selbst. Dann weitet sich der Einflussbereich nach und nach mehr aus. Zunächst empfängt man Offenbarungen für Menschen, die einem nahe stehen und später auch für Menschen, die einem nicht so nahe stehen, aus anderen Lebensbereichen, oder prophetische Worte für die Region oder gar Nation. Die folgende Abbildung verdeutlicht dies.

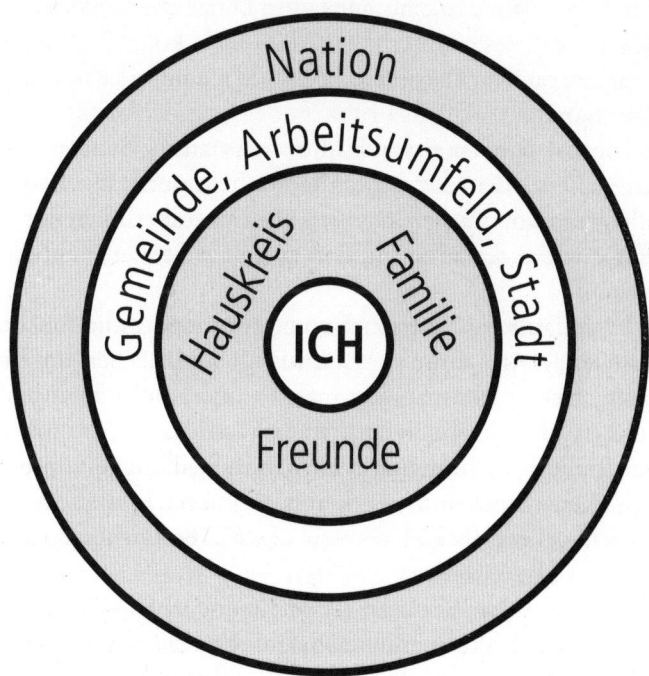

Abbildung 3: Wachsende Einflussbereiche prophetischer Worte

Für dich persönlich bedeutet dies: Prophezeie gemäß deinem Glauben. Eine Grundregel lautet:

Du wirst niemals richtig prophetisch dienen, wenn du es dir nicht von ganzem Herzen wünschst.

Wir brauchen eine klare Sehnsucht dafür, dass Gott uns in der Gabe der Prophetie gebraucht. Diese Sehnsucht darf nicht statusorientiert sein. Die Sehnsucht muss das Ziel haben, durch Jesus zu dienen, zu segnen, zu erbauen, zu ermutigen und zu trösten. Wenn dies unser Ziel ist, dann funktioniert es auch. Wenn dies nicht unser Ziel oder nicht unser einziges Ziel ist, müssen wir Jesus erlauben, zuerst unsere Motive zu reinigen. Wer also prophetisch wachsen will, muss auch bereit sein, im Dienst an Menschen uneigennützig zu wachsen, d. h., für andere zu beten und praktisch zu helfen.

Wenn du damit beginnst, diese Gabe zu entdecken, dann solltest du dich nicht als Prophet oder irgendetwas Besonderes fühlen. Die Vorstellung, prophetisch begabt oder Prophet zu sein, kann einen ganz schön beschäftigen und birgt die Gefahr von Täuschung und Wunschvorstellungen. Nur der Gedanke, anderen zu dienen und sie zu segnen, hilft weiter.

Eine Tür steht immer offen zum prophetischen Gebet: Wenn wir beten, dann müssen wir als prophetisch Begabte lernen, Gottes Stimme zu hören, so dass er uns in unseren Gebeten leiten kann. In dem Sinne kann das Gebet prophetischer und prophetischer werden. Dies heißt, dass wir nicht aus unseren eigenen Gedanken beten, sondern aus der Offenbarung, aus dem Herzen Gottes (1. Korinther 2,10-12; Johannes 14,26; Johannes 16,13).

Prophetisches Beten ist kein Monolog, auch kein Präsentieren von ellenlangen Gebetslisten, sondern es ist das Entdecken von Gottes Willen für eine Person, eine Gruppe, eine Nation oder für eine Situation. Gottes Gedanken und die

Absicht „Dein Wille geschehe" müssen sich hier verbinden. Dann werden wir prophezeien.

Während wir beten, merken wir, dass da etwas ist, auf das wir uns konzentrieren sollen und später erkennen wir, dass Gott uns hier auf eine prophetische Spur bringt.

Lernen braucht Zeit und man darf auch Fehler machen.

Eines ist noch sehr wichtig, die Sprachenrede. Rede in Sprachen so oft du kannst! Manche denken, dass es die einfachste Gabe sei, und vernachlässigen sie. Aber es ist eine sehr kostbare Gabe für die Kommunikation mit Gott – einzigartig und übernatürlich. Durch das Reden im Geist wird unser Geist gestärkt und aus dem Geist kommen dann Offenbarungen, die unseren Verstand übersteigen. Unser aufgeklärter Verstand sagt pausenlos, dass so etwas nichts wert sei. Aber das ist falsch. Es ist eine echte Gebetssprache, und in Zungen beten wir durch den Heiligen Geist immer im Willen Gottes. Was für eine herrliche Gabe!

Wenn wir regelmäßig in Sprachen reden, dient das unserer Erbauung, wir werden gestärkt und erhalten ein stets gefülltes Reservoir an göttlicher Liebe und Segen in uns. Und das begünstigt die anderen Geistesgaben und die Gabe der Prophetie. Wenn wir einen Lebensstil des Gebets entwickeln, mit Gott über alles reden und ihn in alles hineinnehmen, dann entwickelt sich daraus eine Konversation, mit der nach und nach ein Verstehen in Bezug darauf kommt, wann Gott spricht und was er sagt. Wenn wir Gott sprechen hören, bekommen wir ein besseres Verständnis davon, was er gerade tut. Wir lernen vom Vater selbst (Johannes 5,19).

Wichtig in all dem ist, dass unsere Motivation und unser Herz stimmen: dass wir Gott nicht zum Reden drängen oder zwingen wollen und dass wir dabei ganz entspannt bleiben. Wenn wir andere beeindrucken wollen, wird es gefährlich. Die einzige richtige Motivation ist diese: Menschen zu lieben, sie zu segnen und ihnen Gott näherzubringen.

Prophetie kommt wie hervorsprudelndes Wasser. Es fängt oft mit wenigen Worten an und wird dann mehr. Es fängt fast immer im Natürlichen an und geht dann ins Übernatürliche über (Johannes 7,37-39).

Wir brauchen geschützte Trainingsmöglichkeiten. Manchmal merkt man (z. B. im Gottesdienst), dass eine große Freiheit zum Prophezeien da ist und ein prophetischer Fluss entsteht. Der Heilige Geist gibt ein prophetisches Wort nach dem anderen – der Geist der Prophetie ist dann ausgegossen (1. Samuel 10,9-13). Wenn sich so etwas ereignet, dann ist es am besten, man überlässt alles dem Heiligen Geist. „Denn niemals wurde eine Weissagung durch den Willen eines Menschen hervorgebracht, sondern von Gott her redeten Menschen, getrieben vom Heiligen Geist" (2. Petrus 1,21). In so einer Situation werden wir hören, was der Heilige Geist gerade möchte. Dabei kann man gut lernen, zwischen Gefühlen und geistlichen Bewegungen zu unterscheiden.

> **Zusammenfassend können wir sagen:** Sei treu im Kleinen und strecke dich nach den Gaben Gottes aus, dann wird er dich gebrauchen.

4.3 Aufschreiben des prophetischen Wortes

Wenn Gott zu uns spricht, zu uns persönlich oder zu uns für andere, ist es notwendig, alles aufzuschreiben, da wir es sonst vergessen. – Das gilt besonders auch gerade in unserer persönlichen Zeit mit Gott. Einige Dinge sollen uns zum jetzigen Zeitpunkt ermutigen, vieles liegt aber erst in der Zukunft. Dann ist es besonders wichtig, es immer wieder lesen zu können und die Impulse von Gott vor Augen zu haben.

In Jeremia 30,1 sagt Gott zu Jeremia: „Schreibe dir alle Worte, die ich zu dir geredet habe, in ein Buch!" oder in Habakuk 2,2-3: „Und der Herr erwiderte mir und sprach: Schreib die Vision auf, und zwar deutlich auf die Tafeln, damit man es geläufig lesen kann. Denn die Vision gilt erst für die festgesetzte Zeit, und sie strebt auf das Ende hin und lügt nicht. Wenn sie sich verzögert, warte darauf; denn kommen wird sie, sie wird nicht ausbleiben."

Wir schreiben die prophetischen Worte auf, um sie zu prüfen und im Gebet immer wieder vor Gott zu bewegen. In Habakuk wird als Grund genannt, sie geläufig lesen zu können. Wir Menschen sind vergesslich, auch was das Reden Gottes zu uns angeht. Manche Worte erfüllen sich nicht gleich, sondern sind für eine spätere, festgesetzte Zeit, und für diese Phase des Wartens ist es notwendig, sich die prophetischen Worte durchlesen zu können (dazu mehr in Kapitel 6). Ich machte früher oft den Fehler, dass ich zwar zuhörte und den Fluss der Gedanken in mir aufsaugte, wenn der Heilige Geist zu mir redete, aber nicht mitschrieb. Wenn ich dann später versuchte, all diese Gedanken aufzuschreiben, schaffte ich es nicht mehr in denselben prophetischen Fluss hinein, ich konnte die prophetischen Impulse nicht mehr so ohne Weiteres formulieren. Stück für Stück habe ich dann gelernt, immer gleich mitzuschreiben. Wenn ich merkte, dass der Heilige Geist begann, mir etwas mitzuteilen, holte ich mir einen Stift und schrieb all diese Dinge auf. Das tue ich auch nachts. In dem prophetischen Fluss fällt es mir leichter, alles aufzuschreiben und außerdem ist es sehr viel weniger Arbeit.

Im heutigen technisierten Zeitalter stehen außerdem Aufnahmegeräte zur Verfügung, die man zum Aufzeichnen der prophetischen Impulse nutzen kann. Wenn ich spazieren gehe, nehme ich z. B. ein Aufnahmegerät oder ein Handy mit, spreche die prophetischen Impulse unterwegs aus und nehme sie auf. Anschließend kann ich sie dann mit Hilfe des Geräts aufschreiben.

> **Zusammenfassend können wir sagen:** Nimm alles ernst, was Gott redet. Schreib es auf, damit kein Wort verloren geht und leer auf den Boden fällt.

4.4 Prüfen des erhaltenen prophetischen Wortes

Die Bibel ermutigt uns Prophetie zu prüfen, und zwar bezüglich Quelle und Inhalt. Zuerst müssen wir den „Geist" eines prophetischen Wortes prüfen. Wenn eine Prophetie stimmt, muss sie noch lange nicht von Gott kommen. Genauigkeit kann auch von einem Wahrsagegeist kommen, wie Paulus erfahren musste. „Genauigkeit ist wichtig, aber nicht alles" (Apostelgeschichte 16,16-18). Prophetie bringt eben mehr als nur Fakten. Deshalb müssen wir den Geist der Prophetie heraushören. Das heißt, wir prüfen zuerst den Gesamtinhalt, dann die Fakten.

Prophetie wird mit dem Geist geprüft, nicht mit den Gefühlen oder dem Verstand. Die geistlichen Offenbarungen können wir nicht in allererster Linie mit unserem Verstand prüfen, sondern nur mit unserem Geist – dem inneren Menschen – und mit Hilfe des Heiligen Geistes. „Wir haben nicht den Geist der Welt empfangen, sondern den Geist, der aus Gott ist, damit wir die Dinge kennen, die uns von Gott geschenkt sind. Davon reden wir auch, nicht in Worten, gelehrt durch menschliche Weisheit, sondern in Worten, gelehrt durch den Geist, indem wir Geistliches durch Geistliches deuten. Ein natürlicher Mensch aber nimmt nicht an, was des Geistes Gottes ist, denn es ist ihm eine Torheit, und er kann es nicht erkennen, weil es geistlich beurteilt wird. Der geistliche dagegen beurteilt zwar alles, er selbst jedoch wird von niemand beurteilt. Denn wer hat den Sinn des Herrn erkannt, dass er ihn unterweisen könnte? Wir aber haben Christi Sinn" (1. Korinther 2,12-16).

Auch hier gibt Gott jedem Glaubendem die Eigenverantwortung in die Hand. Das bedeutet nicht, dass wir einfach still für uns kritisieren, sondern dass wir aktiv überlegen, indem wir in uns hineinhorchen, ob unser Geist ein Wort bejaht oder verneint.

Wie bereits gesagt, ist das erste Prüfkriterium das Wort Gottes. Das prophetische Wort darf nicht dem *Logos*-Wort widersprechen, sondern muss sich in dessen Rahmen bewegen. Wenn der Inhalt mit der Schrift übereinstimmt, ist jedoch noch nicht sicher, dass es sich um ein echtes prophetisches Wort handelt. Warum? – Weil Prophetie in unserer Zeit ein *aktuelles* Reden Gottes ist (*Rhema*-Wort). Nicht jedes Wort, das der Schrift entspricht, ist aktuelles Reden Gottes. Wenn es gegen die Schrift ist (antibiblisch), dann ist es garantiert nicht von Gott. Oft merken wir, dass wir noch reifer werden müssen, um Worte richtig zu beurteilen. Der Verstand kann nur entscheiden, ob etwas mit der Schrift übereinstimmt oder nicht. Oft fordert Gott unseren Verstand heraus, um so an unser Herz zu kommen.

Der Umgang mit Prophetie beinhaltet immer zwei Seiten. Auf der einen Seite steht der Geber, die Person, welche die Prophetie weitergibt, auf der anderen Seite der Empfänger, die Person, welche die Prophetie empfängt. Beide handeln im Glauben, der eine gibt das Wort im Glauben und im Vertrauen auf Gott weiter und der andere nimmt das Wort im Glauben auf. Es ist dabei völlig in Ordnung, wenn wir eine Prophetie auf die Seite legen, bis Gott uns Klarheit gibt, was er damit sagen will.

Im Folgenden noch einige Hinweise, wie man prophetische Worte richtig prüft. Ich beziehe mich dabei auf Reinhold Ulonska.[27]

- Geprüft werden muss die Übereinstimmung mit der Bibel.
- Das Prüfen der Prophetie geschieht in Vollmacht, aus Glauben und in der Verantwortung vor Gott. Fehlendes

Prophezeien und Prüfen kann die Gemeinde verwahrlosen lassen.
- Der Prophet dient der Gemeinde, er leitet und dominiert sie nicht. Die Umsetzung belässt er in der Hand der Leiterschaft. Der Prophet spricht Berufungen, Dienste oder Ämter aus, aber die Gemeindeleitung setzt in diese ein.

> **Zusammenfassend können wir sagen:** Durch Fehler, die einem prophetisch Begabten unterlaufen, wird seine Gabe an sich nicht in Frage gestellt. Ein prophetisch Begabter kann Fehler korrigieren lassen und daraus lernen. Dadurch kann die Qualität der Gabe geformt werden und sich weiter entfalten. Das Prüfen von prophetischen Worten ist ein wichtiger Bestandteil des Gemeindealltags.

4.5 Was und wie viel gebe ich weiter?

Beim Weitergeben stellt sich nicht nur die Frage nach der richtigen Wortwahl, sondern auch danach, wie viel von dem Gehörten man weitergeben sollte und wann der richtige Zeitpunkt dafür ist. Viele Dinge, die Gott offenbart, sind nicht gleich zum Weitergeben gedacht, sondern er vertraut sie uns an, damit wir über sie beten und sie in uns bewegen.

Ich habe während eines zehnmonatigen Aufenthalts in den USA gelernt, dass ich nicht jedes prophetische Wort von Gott immer und zu jeder Zeit weitergeben muss. Ich habe erlebt, wie ich Impulse von Gott in meinem Herzen hatte und Gott sie durch andere Personen weitergegeben hat. Gott ist von uns – *zum Glück!* – nicht abhängig. Wir dürfen uns nicht mit unseren prophetischen Worten profilieren wollen oder sie benutzen, um zu zeigen, wie geistlich wir (angeblich) sind. Die Gabe der Prophetie ist nicht wie ein unzähmbares Pferd, das immer wieder mit uns durchgeht, sondern wir können sie zähmen und zügeln. „Und die Geister der Propheten sind den Propheten untertan" (1. Korinther 14,33). Wir können und dürfen mit Gott den richtigen Zeitpunkt der Weitergabe erlernen.

Zudem ist es möglich, dass Gott uns neben der Information, die wir weitergeben sollen, weitere und detailliertere Informationen gibt. Ich vergleiche das gerne mit einem Eisberg: Gott zeigt dem prophetisch Begabten den prophetischen Eindruck. Ein Teil (beim echten Eisberg sind es 90 %, bei dem prophetischen Eindruck vielleicht nur 60 % oder 40 %) liegt unter Wasser und nur ein Bruchteil ragt aus dem Wasser. Auch wenn wir den ganzen Eisberg sehen, möchte Gott, dass wir nur die aus dem Wasser ragenden Teile weitergeben. Der Hauptteil des Eisbergs liegt unter Wasser und trägt die aus dem Wasser ragende Spitze. Und genauso dienen die unter dem Wasser liegenden Teile des prophetischen Eindrucks unserer Hintergrundinformation, um die jeweilige Person besser zu verstehen und auch für sie zu beten. Im Gegensatz zum Eisberg ist die Prophetie nur ein Teil des Ganzen, es gibt also noch etwas Größeres als den prophetischen Eindruck.

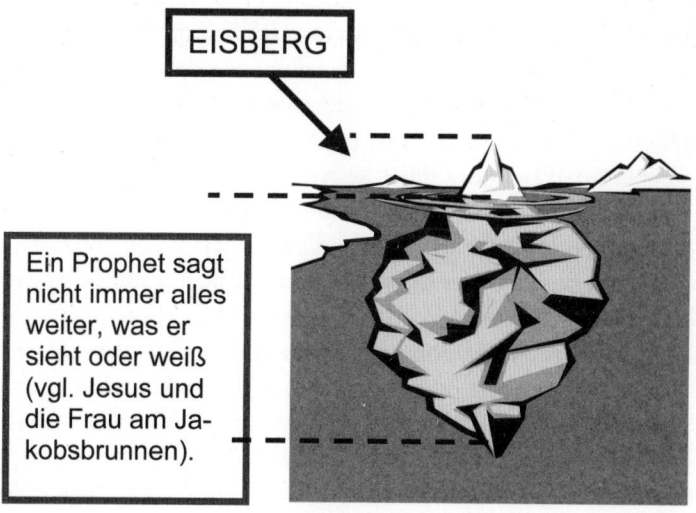

Gott will nicht, dass wir Schmerz prophezeien, sondern Heilung. Nicht Trauer, sondern Freude. Nicht das Problem oder die Sünde, sondern Gottes Perspektive und Weg heraus aus dem Problem. Die meisten Christen kennen ihre Schwäche und eine Bestätigung durch einen Propheten ist nicht notwendig. Sie suchen nach einer Lösung, nach einer Antwort, nach einem Ausweg und die möchte Gott gerne zeigen. Prophetie ist wie eine Brücke über eine unüberbrückbare Schlucht.

> **Zusammenfassend können wir sagen:** Wir benötigen göttliche Weisheit, wann und wie viel der göttlichen Offenbarung wir weitergeben sollen.

4.6 Richtlinien für das prophetische Reden

Da zunächst nur eine Person die Weissagung empfängt und sie an andere weitergibt, besteht die Gefahr, dass diese bewusst oder unbewusst zum eigenen Nutzen eingesetzt wird. Es gibt einige Sekten und religiöse Richtungen, die auf angeblichen Prophetien aufbauen oder deren Lehre durch solche Offenbarungen stark von der biblischen Lehre abweicht. Die wichtigste Richtlinie ist daher, dass Gemeinden auf der Lehre der Bibel gegründet sein müssen und nicht auf eine Prophetie oder die Lehre eines Propheten. Doch für die Handhabung von Prophetie im Gemeindealltag gibt es weitere Regeln, die eingehalten werden müssen und die ich im Folgenden erläutere.

Prophetie ist zwar persönlich, aber niemals privat. Gott gibt Einzelnen persönliche Worte, aber diese werden nicht als private Prophetie gegeben. Private Prophetie spielt sich in der privaten Sphäre zwischen zwei Menschen ab, wo niemand hören, prüfen oder korrigieren kann. Darin liegt eine große Gefahr, da niemand die objektiven Prüfmechanismen ansetzt und die Gefahr der Manipulation sehr groß ist. Wenn es dann eine falsche Prophetie ist, kann dieses eine Mal schon zu viel sein und das Vertrauen in Gott erheblich gestört werden. Private Prophetie ist gefährlich, weil sie zur Manipulation missbraucht werden kann. Man behauptet: „Gott hat gesagt, du sollst dieses oder jenes tun." Das kann auch passieren, wenn keine Manipulation beabsichtigt ist, durch Fehlinterpretationen oder verwirrende Elemente. Eine private Prophetie kann auch abhängig machen von der prophezeienden Person. Das Problem kann hier beim Geber oder beim Empfänger liegen. Gerade wenn ein hingegebener Christ mit prophetischer Begabung und vorbildlicher Lebensführung private Prophetien gibt, werden Menschen oft abhängig und unselbstständig.

Gefährlich ist es auch, wenn jemand gezielt mit einem bestimmten Anliegen (z. B.: „Soll ich Beruf A oder B wählen?") zu einer prophetisch begabten Person geht und sie um ein Wort mit spezieller Wegweisung bittet. Das ist der sicherste Weg, um in Täuschung zu enden. Gott will nicht, dass wir von anderen abhängig werden.

Prophetisches Gebet in einer Gruppe ist ein segensreiches Instrument, dann sollte es aber möglichst ohne Vorinformation geschehen, damit man nicht beeinflusst wird.

Ein prophetisches Wort darf nicht dazu dienen, Konflikte, Unstimmigkeiten oder eigene Ansichten weiterzugeben. Dafür gibt es andere Methoden. Unsere Beziehungen sollten auf Wahrheit und Liebe gegründet sein. Wenn es dennoch zu Schwierigkeiten kommt, müssen wir diese im persönlichen Gespräch beilegen. Konfrontative Begegnungen dürfen wir nicht in ein prophetisches Wort kleiden, das wäre manipulativ. Auch wenn wir Dinge, die die Gemeindeleitung tut, anders sehen, gibt dies uns nicht das Recht, diese Ansicht in ein prophetisches Wort gekleidet weiterzugeben.

Wenn in einem Wort Korrektur oder Richtungsweisung enthalten ist, sollte dies von der Gemeindeleitung oder Gottesdienstleitern gesondert geprüft werden. Eine weitere Gefahr besteht, wie bereits erläutert, darin, dass der prophetisch Begabte die Gabe der Prophetie benutzt, um das eigene Selbstwertgefühl zu steigern. Auch das kann zu falscher Prophetie führen, indem die eigenen Anteile beim Weitergeben des prophetischen Wortes zunehmen. Das kann ganz sicher vermieden werden, wenn man sich der Korrektur anderer unterzieht.

Auf der anderen Seite besteht die Gefahr, etwas, das die Leute gerade hören wollen, als angebliches prophetisches Wort weiterzugeben. „Wenn aber der Prophet sich verleiten lässt und ein Wort redet, dann habe ich, der Herr diesen Propheten verleitet; und ich werde meine Hand gegen ihn ausstrecken und ihn aus der Mitte meines Volkes Israel austilgen. So sollen sie beide ihre Schuld tragen; wie die Schuld des Fragenden, so wird die Schuld des Propheten sein" (Hesekiel 14,9). Man kann mit solchen Prophetien Sympathie „erkaufen", wenn man z. B. für seine Freunde prophezeit und ihnen damit wohltut.

Viele denken, dass prophetisches Reden beinhaltet, verborgene Dinge hervorzubringen oder eine Botschaft zu geben, die noch nie zuvor jemand gehört hat. Aber Prophetie ist eigentlich nicht geheimnisvoll und mystisch und extrem. Ihr Hauptdienst liegt darin, die Gedanken Gottes und sein Wort in die gegenwärtige Situation einer Person, Gruppe, Gemeinde oder Nation hineinzusprechen. Das einfachste Wort, in der richtigen Situation an die richtige Person gegeben, kann lebensverändernde Kraft entfalten.

Wir sollten vorsichtig sein mit zu vielen Details wie Namen, Plätzen, Zeiten. Gott kann uns natürlich auch dahin führen, dass wir hier exakte Angaben machen können, aber dies ist die Ausnahme.

Prophetie ist keine Spekulation: Eine Vermutung, ein eigener Wunsch oder Gebetsanliegen wird nicht zur Tatsache, nur weil man in Jesu Namen das Ganze verkündet. Wenn man noch unerfahren ist und anfängt, prophetisch zu reden, dann mischt man leicht Inspiration und Einbildung. Nicht jedes vermeintliche geistliche Bild oder jeder Eindruck ist gleich ein prophetisches Wort. Erfahrene prophetisch Begabte wissen genau, wann die Prophetie aufhört und der Kommentar anfängt.

Wir unterliegen oft der Versuchung, dem, was Gott gibt, noch etwas Eigenes hinzuzufügen, damit wir besser dastehen oder weil uns das gegebene Wort selbst nicht ganz klar ist. Wenn wir etwas hinzufügen, verwirren, unterlaufen und zerstören wir, was Gott tun wollte. Wenn wir zukünftige Dinge voraussagen ohne Gott, ist das dasselbe wie Wahrsagerei. Genauso sollen wir umgekehrt nichts weglassen, von dem Gott möchte, dass wir es sagen. Der Grundsatz gilt: Gib nur, was du bekommst, nicht mehr und nicht weniger, als du weitergeben sollst (siehe hierzu 4.5).

Prophezeie gemäß deinem Glauben. Wir können, wenn wir am Anfang unseres Glaubenslebens stehen, keine großen Erweckungen prophezeien, weil wir sie einfach nicht glauben können (Römer 10,17 und 12,6). Das ist kein Zeichen von Unglauben, sondern einfach ein Zeichen dafür, dass wir noch am Anfang stehen.

Natürlich gehört auch die bereits erwähnte Grundregel aus dem 1. Korintherbrief zu den Richtlinien für prophetisches Reden. Prophetie dient der Ermutigung, der Erbauung und dem Trost (1. Korinther 14,3) und in diesem Rahmen sollte sie sich auch bewegen. Nur im Amt des Propheten kann sie darüber hinausgehen.

Die Einhaltung dieser Regeln geschieht nicht von alleine und nicht aus uns selbst heraus. Wir müssen Gott ernsthaft bitten, uns vor falschem Verhalten in der Prophetie zu bewahren und unser Herz immer wieder prüfen und Rechenschaft ablegen.

> **Zusammenfassend können wir sagen:** Prophetie hat in ihrem Kern eine Offenbarung von Gott und diese gilt es weiterzugeben. Geh nicht über das hinaus, was Gott dir gezeigt hat. Alle Prophetie, die die Verantwortlichkeit der Gemeinde oder ihre Vertreter ausschließt, ist außerhalb der Ordnung Gottes.

4.7 Anregungen zur Vertiefung

- Hast du ein großes Verlangen zu prophezeien und die Stimme Gottes zu hören?
- Stell dich ganz bewusst Gott zur Verfügung, vor allem, wenn er deine Aufmerksamkeit erlangen will.
- Stimme dich mit Dank, Lobpreis/Anbetung, Sprachengebet, Fürbitte auf die Gegenwart Gottes ein.
- Beginne mit dem, was dir bereits bekannt ist, und fang dabei den Herzschlag Gottes ein, damit du noch tiefer in Bereiche hineinkommst, von denen du keine Kenntnis besitzt. Wir werden vom Heiligen Geist getrieben (2. Petrus 1,20).
- Gott selbst fragt die alttestamentlichen Propheten: „Was siehst du?"
- Wenn es keinen natürlichen Anlass oder einen Zusammenhang für einen bestimmten Gedanken oder Eindruck gibt, nimm diesen ernst und gehe darauf ein.
- Prophetie führt oft über das hinaus, was wir rational erklären können.
- Unser Niveau kann sich Stück für Stück erweitern.
- Verachte nicht die kleinen Anfänge.
- Arbeite bewusst an den Formulierungen einer erhaltenen Prophetie. Formuliere sie schriftlich aus. Dann gib das prophetische Wort Leuten weiter, die dir dazu ein ehrliches Feedback geben können.

5

Auslegung und Interpretation

5.1 Tipps und Hinweise für die Auslegung und Interpretation

Jedes prophetische Wort muss ausgelegt werden und dabei passieren vielerlei Fehler und Unstimmigkeiten. Jesus hat häufig in Bildern gesprochen. Die Jünger konnten diese meistens nicht richtig auslegen und er musste sie ihnen erklären.

Prophetie ist (außer bei Jesus) immer Stückwerk. Auch der Zeitpunkt der Erfüllung ist oftmals nicht klar. Dies bedeutet, dass niemals das komplette Bild dabei entsteht, sondern Stück für Stück ein Teil des Bildes dazukommt. Ein prophetisches Bild und ein prophetischer Eindruck sind meistens nur das Transportmittel für die eigentliche Botschaft und es bedarf folglich der Auslegung. Man sollte auch nicht bei der bloßen Beschreibung des Bildes stehenbleiben, wie zum Beispiel: „Ich sehe ein Herz."

Wir sind in der Gefahr, schnell das zu hören, was wir gerne hören wollen und nicht das Neue, was Gott uns offenbaren möchte. Es ist leichter ein prophetisches Wort anzunehmen, in dem es heißt, dass wir eine lang ersehnte Reise nach Hawaii machen sollen, als eines, in dem Gott uns auffordert, einen großen Geldbetrag zu spenden – Letzteres würden wir sicher intensiver prüfen.

Das Problem mit der Auslegung beginnt in dem Moment, wenn wir Spekulationen oder Interpretationen darüber anstellen, was diese prophetische Offenbarung zu bedeuten hat. Die Fehlinterpretationen können bei demjenigen beginnen, der die prophetische Offenbarung empfängt oder bei der Person, an die sie sich richtet.

> „Nur allzu leicht überschreitet man die Grenzlinie zwischen dem Empfangen einer Offenbarung und deren Interpretation, ohne es überhaupt zu merken. Es muss zwischen dem ‚Rohmaterial' der göttlichen Information und der Interpretation des Inhalts unterschieden werden [...] Das Problem besteht darin, dass schnell die Offenbarung und die Auslegung parallel in unserem Denken von statten gehen, bis man nicht mehr so genau weiß, was Gott tatsächlich gesagt hat und was die eigenen Erwartungen, die aus der Interpretation entstanden sind, waren."[28]

Zuerst muss man das Wort ohne Auslegung mitteilen, dann erst sollte man interpretieren und dies auch so benennen. Das kann z. B. mit folgenden Worten geschehen: „Ich sehe folgendes Bild, das ich so und so auslege." Man kann auch beim Empfänger nachfragen: „Kannst du damit etwas anfangen?"

In einem prophetischen Wort sah ich einmal einen Mann über Bücher gebeugt. Mein Impuls war, dass Georg (*Name geändert*) sich zurückziehen wird, um intensiv die Bibel zu studieren. Die richtige Auslegung aber war, dass er gerade plante und darüber betete, ob er ein Aufbaustudium anfangen sollte. Durch das prophetische Wort fühlte er sich in der Entscheidung bestätigt.

Schon in der zwischenmenschlichen Kommunikation gibt es Missverständnisse, weil wir gleiche Begriffe unterschiedlich auslegen. So ist es auch bei prophetischen Worten. Deshalb müssen wir genau bei Gott nachfragen, die Bedeutung eines Wortes genau klären und in uns hineinhorchen, was wir beim Empfangen des Wortes innerlich empfinden und spüren. Auch die kleinen Details sind wichtig.

Bei prophetischen Worten versucht der Geber des Wortes mit menschlichen Worten das zu beschreiben, was Gott ihm in seinen Geist gelegt hat. So kann ein Begriff wie *Erfindungen* wörtlich Erfindungen meinen oder etwas anderes ausdrücken, das in diesem Begriff enthalten ist: eine neue Idee, neue Lösungsmöglichkeiten etc. Wichtig ist dies auch bei Propheten aus anderen Kulturkreisen für die Bilder und Wörter ganz andere Bedeutungen haben können.

Viele prophetische Bilder sind sehr symbolhaft. Deshalb ist es sinnvoll, wie die Jünger Jesu nach Auslegung zu fragen – Gott wird die Fragen beantworten. Man kann auch mit Hilfe der Bibel auslegen. Wenn man von einer bekannten Person träumt, stellt diese vielleicht etwas Bestimmtes dar oder repräsentiert etwas, was wiederum eine bestimmte Bedeutung hat. Dabei wird dann vielleicht klar, dass die Prophetie nicht von der geträumten konkreten Person handelt, sondern dass diese für eine andere Bedeutung steht.

Obwohl die Pharisäer und Schriftgelehrten sich sehr ausführlich mit Gottes Wort beschäftigten, erkannten sie Jesus nicht als den Messias. Sie legten die Schriftstellen der alten Propheten ganz anders aus. Jesus passte nicht in ihre Vorstellung hinein. So können auch wir die Erfüllung von prophetischen Worten verpassen, weil diese vielleicht anders aussieht, als wir es uns wünschen oder gedacht haben.

Prophetische Worte geben nicht immer gesuchte Antworten, sondern können uns auch aus dem Gewohnten herausreißen und uns dadurch ganz neu nach dem fragen lassen, was den Willen Gottes und Gott selbst ausmacht. Sie können uns herausfordern wie bei Mose das Dornbuscherlebnis. Das prophetische Wort sollte uns näher zu Gott und in die Kommunikation mit unserem himmlischen Vater führen. Prophetische Worte regen zum Nachdenken und Nachfragen an und Gott möchte, ausgelöst durch das gegebene Wort, mit uns über etwas kommunizieren und es uns erklären. Es kann aber eine Weile dauern, bis wir das komplette Wort verstehen. Manche Teile verstehen wir vielleicht erst, wenn sie sich erfüllt haben.

Prophetische Worte sind immer kleine Einsichten in den Willen Gottes. Sie sind nicht vollständig, sondern wie Teile eines Puzzles. Sei nicht enttäuscht, wenn das Wort nicht bestimmte Inhalte erwähnt. Manchmal wollen wir gerne unbedingt zu einem bestimmten Punkt eine Antwort, Gott möchte uns aber etwas anderes mitteilen. Wenn wir uns wünschen, dass Gott in einer bestimmten Weise handelt, laufen wir Gefahr, seine Worte zu verdrehen oder seine Offenbarung zu verpassen.

Das prophetische Wort ist progressiv und entwickelt sich. Abraham erhält z. B. dreimal eine ähnliche Verheißung, in der Gott ihm zahlreiche Nachkommen und das Verheißene Land verspricht (in 1. Mose 12,1-3; 1. Mose 13,14-18 und in 1. Mose 15,4-21). Diese Verheißungen haben aber immer neue Aspekte. Gott spricht in Kapiteln. Mit der Zeit bekommen wir vielleicht eine Reihe von Prophetien, die zusammengehören.

Gott verbirgt auch manchmal etwas vor uns und sagt uns nicht alles, wie bei Elisa, der nicht wusste, dass der Sohn der Schunemiterin (2. Könige 4,8-37) gestorben war.

Manchmal erhalten wir ein scheinbar prophetisches Wort, das dem widerspricht, was wir über den Willen Gottes wissen – Gott will dadurch prüfen, ob wir ihm mehr glauben als dem prophetischen Wort (5. Mose 13,2-4).

Bei einem prophetischen Wort gibt es in der Regel verschiedene Zeitebenen, die man im Geist nicht unbedingt unterscheiden kann. Es ist wie bei einer Reihe von Bergen, die man aus der Ferne sieht. Man kann nicht genau erkennen, welcher näher oder weiter weg liegt. Der prophetisch Begabte sieht etwas in seinem Geist und es erscheint ihm wie eine Zeitebene, doch es ist auf unterschiedlichen Zeitebenen angeordnet.

So kann man beim Empfangen eines prophetischen Wortes nicht unbedingt erkennen, welcher Aspekt für „jetzt" und welcher für einen späteren Zeitpunkt ist. Es handelt sich vielleicht nicht nur um die nahe Zukunft, sondern auch um Dinge, die erst in fünf, zehn oder zwanzig Jahren eintreffen werden. Doch bei der Wiedergabe wirkt es wie ein menschliches „jetzt gleich".

Verschiedene Zeitebenen eines prophetischen Worts

Unser Mentor in den USA, Pastor Dale Gentry, hat folgende Zeitebenen verwendet, die sich auch für uns als sehr hilfreich erwiesen haben. Ein sogenanntes *Jetzt-Wort* können wir relativ leicht bestätigen, da es aus unserer momentanen Situation heraus gesprochen wird. Es dient oftmals als Zeugnis und Bestätigung für Gottes Reden. In diesen Bereich fallen auch Worte, die dem Geber der Prophetie Situationen/Begebenheiten und Dinge aus der Vergangenheit offenbaren. Sie dienen aber nicht der Bloßstellung, sondern dafür, dem Prophezeienden die Last und das Herz desjenigen, für den er ein Wort hat, auf sein Herz zu legen, und als hilfreiche Hintergrundinformation. Im Empfänger dient dies dazu, Glauben aufzubauen und zu erkennen, dass Gott ihn kennt, ihn bei seinem Namen ruft und weiß, was er/sie gerade durchmacht.

Ebenso fällt ein *Bestätigendes Wort* in unser Herz, denn es trifft dort auf schon vorhandene Visionen, Wünsche, Träume und bereits ausgesprochene prophetische Worte, die manchmal vielleicht in Vergessenheit geraten sind. Gott spricht in unsere gegenwärtige Situation hinein, in der wir uns befinden: Wir fragen nach Wegweisung, wie es weitergehen soll, stehen vor Problemen/Fragen, die wir momentan nicht lösen können, oder wollen wissen, welche Berufung Gott für uns hat. In diese Situation spricht Gott hinein und zeigt seine Sichtweise der Dinge, die wir selbst so nicht haben. Gottes Perspektive und auch die eines Propheten sind mit der eines Adlers zu vergleichen, der alles von oben sieht und darum auch schon mehr erkennt und einfach eine andere Perspektive hat. Gott zeigt uns den nächsten Schritt, den wir gehen sollen. Ein *Bestätigendes* Wort baut in der Regel Glauben auf und man spürt sofort, dass Gott in die eigene Situation hineingesprochen hat.

Ein *Zukunftswort* ist ein prophetisches Wort, dessen Erfüllung in der nahen oder fernen Zukunft liegt, wobei unsere Zeiteinschätzung der Realisierung des Wortes oft zu Fehlinterpretationen führt. Es zeigt Dinge, die über unsere eigene Vorstellungskraft, Glauben, Horizont, Wissen und bisherigen Erfahrungen hinausgehen.

Auch bei einem sogenannten *Neuen Wort* können wir sehr unsicher sein, da es weder auf vorhandene Visionen trifft noch auf die genau bekannte Einschätzung der eigenen Person. Trotzdem kann dieses *Neue Wort* sofort in unser Herz fallen, Glauben erzeugen und etwas Neues in uns hervorbringen und bewirken. So wie Gott uns neue Namen gibt, die zeigen, dass er unsere Persönlichkeit verändern kann.

Die letzten beiden Arten von prophetischen Worten gehen oftmals über unseren eigenen Horizont hinaus.

Richtungsweisende Worte lässt Gott durch den Mund von zwei oder drei Zeugen bestätigen (2. Korinther 13,1). Hier gilt es, nicht gleich beim ersten Wort draufloszustürmen, sondern die Bestätigung abzuwarten.

Zusammenfassend können wir sagen: Prophetische Worte erfolgen auf verschiedenen Ebenen, als **Jetzt-Wort**, als **Bestätigendes Wort**, als **Zukunftswort** und als **Neues Wort**.

5.2 Beispiele zur Auslegung und Interpretation

Im Folgenden stelle ich einige Beispiele zur Auslegung und Interpretation von Träumen vor. Diese sind einem Buch von Ira Milligan entnommen.[29] Sie können auch bei anderen Offenbarungskanälen angewendet werden.

Am **achten** Tag sollten Israeliten beschnitten werden. Im Neuen Testament wird die Beschneidung gleichgesetzt mit dem Ausziehen des fleischlichen Leibes in der Beschneidung Christi (Kolosser 2,11). Die Grundbedeutung der **Zahl acht** ist also *Ausziehen* oder in der erweiterten Bedeutung *Neubeginn*. **Die Zahl siebzig** bedeutet *vollständig angenommen* (oder *vollständig abgelehnt*). Jesus gebrauchte diese Zahl, als er über Vergebung lehrte. Nicht siebenmal, sondern siebzigmal siebenmal sollen wir vergeben (Matthäus 18,21-22).

Die Farbe Blau symbolisiert z. B. den Geist Gottes oder den Begriff *geistlich* oder sie kann schlicht und einfach *prophetisch* bedeuten. **Die Farbe Grün** steht für Wachstum und Leben. In negativer Weise kann sich Grün auf den weltlichen Zustand des menschlichen Fleisches beziehen. „Denn alles Fleisch ist wie Gras" (1. Petrus 1,24).

In Lukas 11,11 symbolisiert der **Fisch** den Heiligen Geist. Der **Adler** wird im Zusammenhang mit der prophetischen Gabe gesehen, er hat scharfe Augen, sieht kleine Details, hat einen großen Überblick. Der **Affe** symbolisiert Torheit oder Anhänglichkeit, Unfug, Unehrlichkeit, Abhängigkeit. Die **Schildkröte** ist langsam, gemächlich; sie bedeutet sich zurückziehen, vorsichtig, geschützt, sicher.

Eine **Bibliothek** bedeutet Wissen, Erziehung, lernen, untersuchen oder Ablenkung, wenn es laut ist; ein **Dach** Deckung, Schutz, Verstand, Gedanken. Ein **Haus** symbolisiert eine Person oder Familie, eine Einzelperson, Gemeinde, Wohnstätte, aber auch das Herz (dein Heim ist, wo dein Herz ist), die Identität oder Wurzeln. Der **Keller** dagegen ist die Seele, fleischliche Natur, Lust, Enttäuschung oder Depression, Zuflucht, Zurückgezogenheit, versteckt, vergessen, verborgene Sünde, Vergangenheit.

Der **Norden** hat die Bedeutungen geistlich, Gericht, Himmel oder Himmlisches, geistlicher Kampf, (wie z. B. Erbe einnehmen).

Das **Eisen** symbolisiert Stärke, kraftvoll, unbesiegbar, Festung, eigensinnig, störrisch; **Gold** Ehre oder Weisheit, Wahrheit, etwas Kostbares, Gerechtigkeit, Herrlichkeit Gottes, Selbstverherrlichung.

Ein **Baby** bedeutet Anfang, neue Idee, neue Arbeit (neue Gemeinde), Angehöriger, hilflos, unschuldig, Sünde, natürliches Baby.

Ein **Arzt** symbolisiert Heiler, Autorität, Christus, Prediger, Mediziner; ein **Bäcker** dagegen Anstifter; jemanden, der etwas erfindet, startet oder „anheizt" (und dient); Ideen, Urheber, Christus, Satan, geistlicher Dienst, den Bäcker selbst. Die **Polizei** bedeutet Autorität: natürliche (zivile) und geistliche Autorität, gut oder böse, Schutz.

Ein **Auto** bedeutet Leben, geistlicher Dienst; ein **Bus** oder **Flugzeug** Gemeinde; ein **Floß** treibend, ohne Richtung, ziellos, kraftlos, notdürftig.

Äpfel stehen für Frucht, Worte, Sünde, Verführung, Wertschätzung, Frucht des Geistes.

Ein **Arm** symbolisiert Stärke oder Schwäche, Erretter, Befreier, Helfer, Not, sich ausstrecken (Barmherzigkeit erweisen), Schläger; **Augen** Verlangen (nach Gutem oder Bösem), Begehren, Begierde, Leidenschaft, Lust, Offenbarung, Verständnis, das Fenster der Seele.

Blumen bedeuten Herrlichkeit, vorübergehend, Geschenk, romantisch.

Eine **Brücke** symbolisiert Unterstützung oder Weg, Glaube, Probe (des Glaubens), verbunden.

Ein **Mikrofon** steht für Stimme: Autorität, geistlicher Dienst, Einfluss.

Nebel bedeutet Verwirrung, vorübergehend, vernebelte Angelegenheiten oder Gedanken, unklar, unsicher.

Bogen/Pfeile symbolisieren Worte oder Person, Anklagen, Verleumdung, Tratsch, Gebet, Befreiung. Bogen=Zunge, Kraft. Köcher=Herz. Pfeile=Worte.

5.3 Anregungen zur Vertiefung

- Nimm dir ein prophetisches Wort und lege es in verschiedene Richtungen aus.
- Mach das Gleiche mit einem inneren Bild, einer Vision oder einem Traum. Was bedeutet die Symbolik etc.?
- Führe diese Übung in einer Gruppe (Hauskreis) durch, indem ihr gemeinsam ein bereits vorhandenes prophetisches Wort auslegt.

6

Umsetzung und Erfüllung des prophetischen Wortes

6.1 Wie erfüllt sich das prophetische Wort?

Neben Offenbarung und Auslegung/Interpretation ist auch die Umsetzung und Erfüllung des prophetischen Wortes wichtig. Dabei gibt es einen Part, den nur Gott erfüllen kann, und einen Part, der unsere Verantwortung ist. Gott liebt es, mit seinen geliebten Kindern zusammenzuarbeiten. Er möchte unser Partner sein.

Viele Leute wissen nicht, wie sie mit einem prophetischen Wort umgehen sollen. Was passiert, was macht man mit dem prophetischen Wort, nachdem man es erhalten hat?

Es ist toll, ein prophetisches Wort zu bekommen, dies ermutigt, baut auf und begeistert. In dem Moment des Empfangens ist es wie ein geistlicher Kick. Eine Weile ist unser Glaubensleben dadurch total motiviert. Was ist aber, wenn sich das Wort nicht in dem Sinne, wie wir es gehofft haben, erfüllt oder die Erfüllung länger dauert als gedacht? Dann schleicht sich Enttäuschung in unser Herz. Wir zweifeln an der Richtigkeit des prophetischen Wortes und oftmals in der Folge auch an Gott.

Zwischen dem Zeitpunkt des Hören/Empfangens eines prophetischen Wortes bis zu dessen Erfüllung liegt oft eine Zeit des Wartens und Ausharrens. Häufig wirkt es sogar zunächst so, als ob sich das Leben komplett in eine andere Richtung entwickelt.

Das Ziel ist der Punkt A – mein Leben geht aber zu Punkt B. Ein biblisches Beispiel ist Josef, für den vor der Erfüllung der prophetischen Träume seiner Jugend erst eine Zeit als Sklave und dann eine Zeit im Gefängnis kamen (1. Mose 37-42).

Was ist nun Gottes Antwort darauf? Wie gehe ich mit einer solchen Entwicklung um? Wie halte ich das prophetische Wort warm? Welcher Part für die Erfüllung kann nur von Gott kommen und an welchen Punkten sollte ich selbst aktiv werden? Was ist, wenn die Realität der Erfüllung anders aussieht als meine Fantasie darüber? Wie bete ich glaubend und proklamierend?

Ich glaube fest, dass wir in einer Zeit der prophetischen Erfüllungen leben. Manche Prophetien erfüllen sich nur deshalb nicht, weil wir nicht entsprechend damit umgehen. Ich erinnere in diesem Zusammenhang nochmals an die Stelle in Habakuk 2,3: „Denn die Vision gilt erst für die festgesetzte Zeit, und sie strebt auf das Ende hin und lügt nicht. Wenn sie sich verzögert, warte darauf; denn kommen wird sie, sie wird nicht ausbleiben." Es gibt von Gott eine festgesetzte Zeit zur Erfüllung des prophetischen Wortes. Gott möchte unser Gebet erhören und beantworten. Aber dazu gibt es einige Dinge zu beachten.

Wir selbst können prophetische Worte nicht erfüllen, dies ist Gottes Verantwortung. Dennoch macht Gott nicht alles allein, sondern bezieht uns in die Verantwortung mit ein. Am Beispiel Abrahams können wir sehen, wie er Gott glaubte und immer und immer wieder die Sterne zählte, um sich die Vision lebhaft vorzustellen. Sara dagegen glaubte nicht an die Erfüllung und überredete ihren Mann, diese selbst auf einem anderen Weg herbeizuführen. Abraham bekam durch die Magd Hagar einen Sohn, doch dieser war nicht der Sohn der Verheißung (1. Mose 16).

Der Unglaube von beiden in dieser Situation ist ein Beispiel dafür, was passiert, wenn wir versuchen, Gottes Verheißungen auf eigenem Weg herbeizuführen. Trotz dieses Umweges haben sie an Gottes Zusage festgehalten. An Abrahams Glauben können wir uns ein Beispiel nehmen. So wie er die Sterne zählte, können wir in unsere Berufung oder in die Verheißungen hineinkommen, die Gott uns gegeben hat. Unsere Verantwortung ist es, das prophetische

Wort aufzuschreiben und auszusprechen, es uns geistlich vorzustellen und innerlich darin zu leben. Es muss anfangen, in uns Form zu gewinnen. Wir sollten es uns vorstellen können und darin schon innerlich leben, ohne dabei Gott in seinen Möglichkeiten einzuengen und Vorgaben zu machen. Wenn wir ein prophetisches Wort empfangen, dürfen wir nicht den Fehler machen zu glauben, dass es in kürzester Zeit eintrifft – es braucht manchmal Zeit, mal mehr und mal weniger.

Eine Schwierigkeit bei einem prophetischen Wort ist – sowohl für den Geber als auch für den Empfänger – zu wissen, wann und in welcher Weise die Erfüllung stattfindet. Gottes Zeitpläne und Zeitvorstellungen entsprechen nicht unbedingt den Unsrigen. Ein Tag bei Gott kann für uns wie tausend Jahre sein. Dies zeigen schon Texte im Alten Testament, die sich auf das Kommen des Messias oder die Endzeit beziehen. Ein Beispiel ist Gottes Verheißung: „Und danach wird es geschehen, dass ich meinen Geist ausgießen werde über alles Fleisch" (Joel 3,1). Diese Worte stehen nach einem „Doch auch jetzt" (Joel 2,12), aber sie sind erst dabei sich zu erfüllen. Der Ruf nach Umkehr aus Joel 2 war bereits zur damaligen Zeit aktuell, Gottes Verheißung aus Joel 3 aber kommt jetzt. Und wie wir wissen, kann ein *Jetzt* bei Gott Tausende von Jahren dauern (vgl. 2. Petrus 3,8).

Genauso geht es einem Prophezeienden: Er sieht etwas in seinem Geist und es erscheint wie eine Zeitebene – ist aber auf unterschiedlichen Zeitebenen angeordnet (vgl. 5.1). Für ihn klingt es nach einem menschlichen *Jetzt*, doch vielleicht ist es ein göttliches, das erst in einigen Jahren eintreffen wird. Das birgt die Gefahr, dass der Empfangende ungeduldig wird und das prophetische Wort gleich umsetzen will. Daniel bekommt von Gott sogar gesagt, dass er die Vision geheim halten soll, da sie sich erst in vielen Tagen erfüllen wird (Daniel 8,26). Andere Menschen sind enttäuscht, weil sie denken, das prophetische Wort sei falsch gewesen, da es nicht gleich oder in ein paar Monaten oder Jahren eingetroffen ist. Es ist aber notwendig, auf Gottes Zeitpunkte zu warten, er wird das Verheißene schaffen und in Existenz bringen, nicht wir. Unsere Verantwortung ist es, das prophetische Wort aufzuschreiben und nach erfolgter Prüfung (Merkmale siehe Kapitel 4.4) immer wieder zu lesen, darüber im Gebet mit Gott zu sprechen, uns die Verheißung innerlich vorzustellen und Gott zu vertrauen. Die Zeit wird kommen, deine Gabe wird dir Raum verschaffen. Wir können nicht den Weg schaffen das Wort zu erfüllen, das Gott uns gegeben hat, das ist Gottes Aufgabe. Unsere ist es, Gott zu vertrauen, immer den vor uns liegenden Schritt zu gehen und dabei bereits die Reise zu genießen. Jeder Tag ist ein Tag in unserer Berufung. Weder der Geber noch der Empfänger können die Worte, die Gott schenkt, aus eigener Kraft umsetzen, sondern dies bleibt Gottes Aufgabe. Unsere Aufgabe besteht darin, die Worte im Glauben anzunehmen und ihm zu vertrauen. Wir können uns nicht selbst in diese Dinge hineinbugsieren, sondern müssen warten, bis der Zeitpunkt Gottes kommt. Wenn wir in Beziehung und Gemeinschaft mit Gott sind und auf seinen Willen hören und entsprechend handeln, wird Gott uns auch Stück für Stück, Schritt für Schritt in das Verheißene hineinführen.

Auf der anderen Seite sind wir auch in der Gefahr, zu lange einfach zu warten und nicht mit den ersten Schritten anzufangen. *„You do it, when you do it!"* Wenn wir die Vision haben, in einem Stadion das Evangelium zu predigen, sollten wir zuvor anfangen im Hauskreis, in der Gemeinde zu predigen oder vor Freunden und Bekannten unseren Glauben zu bekennen.

> **Zusammenfassend können wir sagen:** Unsere Verantwortung ist es, ein prophetisches Wort immer wieder zu lesen, darüber zu beten, mit Gott darüber sprechen und Fragen zu stellen. Gottes Verantwortung ist es, das prophetische Wort zu dem von ihm bestimmten Zeitpunkt zu erfüllen.

6.2 Glaube, Vertrauen und Umkehr als Bedingungen

Prophetien sind an Bedingungen geknüpft. Die erste Bedingung ist immer, dass wir dem Wort Gottes Glauben schenken. Außerdem müssen wir an das Prophetische allgemein und das spezifische prophetische Wort, an seine Richtigkeit glauben – Unglaube hindert uns daran, ins Verheißene Land einzuziehen. Das bedeutet nicht, dass wir das prophetische Wort nicht prüfen (siehe dazu 4.4), aber nachdem es geprüft und für richtig befunden wurde, müssen wir daran glauben. Glauben bedeutet, Gottes Wort zu vertrauen und es aufgrund dessen zu tun, mit all den Fragen und Unsicherheiten in unserem Herzen (Hebräer 4,2). Kaleb und Josua haben an den Zusagen Gottes trotz der Riesen festgehalten. Sie haben die Riesen, die Realität, nicht ausgeblendet, sondern trotz der Wahrnehmung von Hindernissen an Gottes Zusagen festgehalten.

Abraham wird bei Paulus als Glaubensheld vorgestellt. „Abraham aber glaubte Gott, und es wurde ihm zur Gerechtigkeit gerechnet" (Römer 4,3). Ebenso wird er in der Liste der Glaubenszeugen im Hebräerbrief Kapitel 11 aufgeführt. Von Abraham heißt es hier sogar, dass er die Verheißung nur von ferne gesehen hat (Hebräer 11,13).

Haben wir den Glauben, an dem festzuhalten, was Gott uns verheißen hat? Glauben bedeutet, Gottes Wort zu vertrauen und es aufgrund dessen zu tun, mit all den Fragen und Unsicherheiten in unserem Herzen.

Prophetische Worte erfüllen sich nicht von allein, sondern sie müssen sich mit unserem Glauben verbinden. Dies bedeutet, dass wir Gott glauben, dass er die Dinge, die er verheißt, auch in die Tat umsetzt. Glauben ist die stärkste Form des Wissens. Unsere Aufgabe ist es, dafür zu beten, Gott zu vertrauen und ihm immer wieder diese Anliegen zu bringen. In der einen Hand halten wir die prophetischen Worte, in der anderen Hand unseren Glauben und beides muss sich zu einer Einheit verbinden.

„Denn auch uns ist eine gute Botschaft verkündigt worden, wie auch jenen; aber das gehörte Wort nützte jenen nicht, weil es bei denen, die es hörten, sich nicht mit Glauben verband" (Hebräer 4,2). Diese Bibelstelle bezieht sich auf das Volk Israel. Die erste Generation ist aufgrund des Unglaubens, Zweifelns und Murrens nicht in das Verheißene Land eingedrungen. Sie haben auf die Riesen und die schwierigen Umstände im Verheißenen Land geschaut, anstatt wie Josua und Kaleb zu glauben, dass ihnen mit Gott nichts unmöglich ist. Dabei müssen wir keine Akrobatik im Sinne des positiven Denkens verrichten, sondern der Glaube ist die Verwirklichung, das Wissen, das Überzeugtsein von dem, was wir noch nicht sehen (Hebräer 11,1). Wir können es in unserem Geiste sehen und wissen, dass es in der sichtbaren Realität geschehen kann. Glauben entwickelt sich durch das Hören des Wortes Gottes, nicht nur des *Logos*-Wortes der Bibel, sondern auch des *Rhema*-Wortes, der prophetischen Worte heute. Wenn wir die Verheißungen Gottes immer und immer wieder aussprechen und Gott immer wieder daran erinnern, was er uns versprochen hat, dann wird es geschehen, zu seiner Zeit. Wunder brauchen manchmal etwas länger, aber Gott ist treu. Er steht zu seinem Wort.

Der Glaube ist die wichtigste Bedingung, aber es gibt noch weitere: „Kehrt um mit eurem ganzen Herzen (Joel 2,12). Und als Folge der Umkehr: „Und danach wird es geschehen, dass ich meinen Geist ausgießen werde über alles Fleisch" (Joel 3,1). Buße und Umkehr sind notwendig zur Erfüllung dieser Verheißung. Manchmal spricht der Prophet ein Wort der Warnung aus, das vorausgesagte Unglück kann abgewendet werden, wenn die Menschen Buße tun, wie z. B. in Ninive (Jona 3).

Bevor eine Prophetie in Erfüllung geht, kann eine lange Zeit vergehen. Zwischenschritte werden uns nicht verraten. Josef erfuhr in seinen Träumen nicht, dass er erst in eine Zisterne geworfen und in die Sklaverei verkauft werden würde, bevor er die einflussreiche Position bekäme, von der er geträumt hatte. Sein Leben entwickelte sich nicht gleich entsprechend dem prophetischen Wort, sondern ging scheinbar in eine ganz andere Richtung und das kann auch uns passieren. Gott prüft unseren Glauben, Gott prüft unsere Geduld, Gott prüft unsere Motivation und Gott prüft unseren Eifer.

Jesus hatte bereits einige Wunder getan, bevor er seine Antrittsrede in Nazareth hielt (vgl. Matthäus 13,53-58; Markus 6,1-6; Lukas 4,14-30). Als die Menschen ihn hören, staunen sie zunächst, es klingt, als wären sie begeistert. Doch dann schlägt die Stimmung um. Sie fragen: „Ist dieser nicht der Zimmermann, der Sohn der Maria [...]? [...] Und sie ärgerten sich an ihm." (Markus 6,3). Sie schalteten ihren Verstand ein, sie begründeten, warum es unmöglich war, dass Jesus, der Zimmermann, solche Worte sprach, und fingen an zu zweifeln. „Und er tat dort nicht viele Wunderwerke, wegen ihres Unglaubens" (Matthäus 13,58).

Dies ist ein Prozess, der oftmals einsetzt, wenn wir ein prophetisches Wort empfangen. Wir fragen: „Stimmt denn das wirklich?", bis sich der Zweifel immer mehr ausbreiten kann. Dies gilt besonders für Prophetien innerhalb der Gemeinde. Hier müssen wir unsere Haltung hinterfragen: Nehmen wir ein prophetisches Wort von Geschwistern aus der Gemeinde genauso ernst wie das von einem Gast aus dem Ausland?

> **Zusammenfassend können wir sagen:** Glaube ist die erste Bedingung, damit sich ein prophetisches Wort erfüllt. Glauben heißt Gott vertrauen und dabei wie Josua und Kaleb trotz widriger Umstände an dem festzuhalten, was Gott gesagt hat.

6.3 Die richtige Haltung

Die Reaktion Marias auf die Verheißung, dass sie den Sohn Gottes empfangen und zur Welt bringen würde, ist ein gutes Beispiel für die richtige Haltung.

Wir dürfen sicher sein, wenn Gott zu uns redet, wird er auch dafür sorgen, dass das Verheißene Realität wird. Er verheißt uns, dass sein Wort nicht leer zurückkehren wird, sondern ausführen wird, wozu er es gesandt hat. Christsein hat etwas mit Glauben und Vertrauen zu tun. Gott spricht Dinge in unseren Geist. Diese Dinge sind mit unseren natürlichen Augen noch nicht sichtbar, aber sichtbar und existent für Gott, eine geistliche Realität. Jede Berufung oder Vision fängt mit dem Reden Gottes an. Unsere Aufgabe ist es, zu glauben. Wenn wir die Verheißung mit unseren geistlichen Augen sehen können, wird sie Realität. Glauben hat nichts mit unseren eigenen menschlichen Fähigkeiten zu tun, sondern geht über unsere Grenzen hinaus. Wenn wir glauben, halten wir uns nicht an unseren eigenen Fähigkeiten oder Möglichkeiten fest, sondern wenden uns an jemanden, der größer ist als wir selbst und unsere Möglichkeiten. Gott hat diese Welt durch das Sprechen seines Wortes geschaffen. Sollte er nicht auch unsere Situation in der Hand haben?

Marias Antwort war: „Es geschehe mir nach deinem Wort!" (Lukas 1,38) Angst, Zweifel, Unsicherheit – damit hatte auch Maria zu tun. Etwas später, als sie auf Elisabeth trifft, stimmt sie einen Lobpreis an und dankt Gott für seine Verheißung und sein Wort. Elisabeth spricht ihr zu: „Und glückselig, die geglaubt hat, denn es wird zur Erfüllung kommen, was von dem Herrn zu ihr geredet ist!" (Lukas 1,45). Ist in uns dieser Glaube, diese Zuversicht, in das, was Gott uns für unser Leben zugesagt hat? Wie oft zweifeln wir schon an den Aussagen der Bibel, aber wie viel mehr zweifeln wir dann, wenn Gott uns herausfordert, Schritte zu tun, die über unser eigenes Vermögen, Denken und Planen hinausgehen?

Es ist notwendig, dass wir Gott glauben und die Dinge, die er uns verheißt, über uns aussprechen und proklamieren. Gott fordert uns auf, „bitte aber im Glauben, ohne irgend zu zweifeln; denn der Zweifler gleicht einer Meereswoge, die vom Wind bewegt und hin und her getrieben wird. Denn jener Mensch denke nicht, dass er etwas von dem Herrn empfangen werde" (Jakobus 1,6-7). Wir haben nicht, weil wir nicht bitten, und wir haben nicht, weil wir nicht glauben, sondern zweifeln. Dabei ist es wichtig, dass wir beten, ohne uns von den Umständen, unseren Gefühlen etc. ablenken und entmutigen zu lassen. Wir müssen lernen, mit Ausdauer und Hartnäckigkeit zu beten.

In 4. Mose 13 wird die Aussendung der Kundschafter ins Verheißene Land beschrieben. Dies ist für uns ein Beispiel für die Erfüllung des prophetischen Wortes und wie wir als Menschen damit umgehen. Auch wir tragen Verantwortung, damit das prophetische Wort sich erfüllt. Das Verheißene Land ist auch ein Symbol für ein prophetisches Wort oder eine Vision, die Gott uns schenkt. Josua und Kaleb durften das Verheißene Land bereits sehen, als sie mit zehn weiteren Männern das Land betraten, um es auszukundschaften. Aber nur Josua und Kaleb kamen voller Worte des Glaubens und der Zuversicht zurück. Die anderen zehn Kundschafter waren voller Unglauben, Zweifeln und vor allem voller Murren und negativem Reden. Sie schauten auf die Umstände und interpretieren sie, sie glaubten, dass die Feinde stärker seien als sie selbst. Durch das negative Bekenntnis wird die Sicht der Situation und des eigenen Status ebenfalls negativ. Von Gott ist bei ihnen überhaupt nicht mehr die Rede. Anschließend vollendet sich das Ganze durch Murren und Aufbegehren gegenüber Gott – ein sehr bekanntes Muster auch bei uns.

Interessant, eigentlich erschreckend ist, dass das ganze Volk auf die zehn Kundschafter mit der negativen Einstellung hört. Sie murren und lehnen sich gegen Mose und Aaron auf und sprechen wieder: „Wären wir doch im Land

Ägypten gestorben, oder wären wir doch in dieser Wüste gestorben" (4. Mose 14,2). Und genau das geschieht infolge dieser Ereignisse: Sie sterben in der Wüste (vgl. 4. Mose 14,26-30).

Was sprechen wir über uns oder unsere Gemeinde aus? Leben oder Tod? Die Erfüllung der Verheißung oder Zweifel und Stagnation?

Auch Josua und Kaleb und mit ihnen Mose und Aaron haben die schwierigen Bedingungen gesehen, aber anders eingeschätzt und interpretiert: Zuerst sagen sie – wie auch die anderen zehn – dass das Land sehr gut sei. Aber in Bezug auf die Bewohner des Landes bleiben sie nicht bei menschlichem Ermessen stehen. Sie beziehen Gott mit ein, indem sie sprechen: „Wenn der Herr Gefallen an uns hat, so wird er uns in dieses Land bringen und es uns geben" (4. Mose 14,8). Und ein Stück weiter: „Und fürchtet doch nicht das Volk des Landes, denn unser Brot werden sie sein! Ihr Schutz ist von ihnen gewichten und der Herr ist mit uns. Fürchtet sie nicht" (4. Mose 14,9). Eine ganz andere Perspektive wird hier deutlich. Sie vertrauen Gott. Sie wissen, dass Gott ihnen helfen kann, wenn er möchte. Gerade diese Aussage zeugt von großem Vertrauen. Sie schauen nicht auf sich selbst oder die Umstände, sondern auf die Zusagen und das Wesen Gottes.

Genau das müssen auch wir tun. Nicht die Umstände sind entscheidend, sondern Gottes Verheißungen.

> **Zusammenfassend können wir sagen:** Das vertrauensvolle Gebet lautet: „Es geschehe nach deinem Wort!"

6.4 *Warten und Ausharren bis zur Erfüllung*

Das prophetische Wort hilft uns, den guten Kampf des Glaubens zu kämpfen (1. Timotheus 1,18-19). Oder wie es in

2. Petrus 1,19-20 heißt: „Und so besitzen wir das prophetische Wort <um so> fester, und ihr tut gut, darauf zu achten als eine Lampe, die an einem dunklen Ort leuchtet, bis der Tag anbricht und der Morgenstern in eurem Herzen aufgeht, indem ihr dies zuerst wisst, dass keine Weissagung der Schrift aus eigener Deutung geschieht. Denn niemals wurde eine Weissagung durch den Willen eines Menschen hervorgebracht, sondern von Gott her redeten Menschen, getrieben vom Heiligen Geist." Das prophetische Wort hilft uns, im Alltag zu bestehen, Gottes Perspektive zu behalten. Es lässt uns ausgerichtet auf Gott sein. Es ist wie eine Lampe, die im Dunkeln leuchtet. Was sagt Gott noch dazu in seinem Wort? Für den gläubigen Christen gibt es keine biblische Aussage oder Verheißung, die außerhalb der Reichweite seines Glaubens liegt. „Denn so viele Verheißungen Gottes es gibt, in ihm ist das Ja deshalb auch durch ihn das Amen, Gott zur Ehre durch uns" (2. Korinther 1,20).

Ein weiterer Schritt zu der Erfüllung der Verheißungen ist daher ein Vertrauensbeweis unsererseits. Man empfängt das Wort und nimmt so den Weg zur Bestimmung auf. „Es geschehe mir nach deinem Wort" (Lukas 1,38) – mit diesen Worten nimmt Maria die Bestimmung an.

Auch wenn unser Leben sich in eine andere Richtung zu bewegen scheint, müssen wir festhalten an dem, was Gott gesagt hat, wie wir bereits am Beispiel Josefs gesehen haben. Gott prüft durch solche Zeiten, wie sehr wir auf die Verheißung vertrauen, die er uns gegeben hat, und wie wichtig uns diese ist. Außerdem formt er in diesen Zeiten der Wüste unseren Charakter und unsere Identität. Deutlich wird dies auch bei Josef: Er hatte einen großen Traum, den er unklugerweise seinen Geschwister erzählte (1. Mose 37,1-11). Manchmal geschieht es auch bei uns, dass unsere „Geschwister" unsere Träume nicht teilen und uns sozusagen in ein Loch werfen. Es ist wichtig, sich mit Menschen zu umgeben, die unsere Träume teilen, auch wenn wir Gott vertrauen und nicht Menschen.

Josefs Leben entwickelt sich von da an in eine komplett andere Richtung (1. Mose 37,12-40,23). Wenn es anstatt in Richtung A plötzlich in Richtung B geht, fragt man sich, was Gott vorhat. Das prophetische Wort wird durch die entgegengesetzten Umstände geprüft. Unser Vertrauen auf Gott wird erprobt und gestärkt. Gott hält alles in der Hand, auch den Zeitpunkt der Erfüllung.

Als Sklave steigt Josef zunächst auf. Er ist treu bei Potifar. Doch dann wird er trotzdem unschuldig ins Gefängnis geworfen. Immer wieder hofft er herauszukommen, drängt sich auf, bis sein Vertrauen in sich selbst völlig vernichtet ist und er die Erfüllung der Verheißung nicht mehr aus eigener Kraft probiert. Stattdessen empfiehlt er dem Pharao, denjenigen auszuwählen, den er für den besten Mann hält (1. Mose 41,33). Als er nicht mehr auf sich schaut, hebt Gott ihn empor. Dieser Prozess hat 22 Jahre gedauert.

In unseren Herausforderungen entscheiden wir, wer unser Partner sein soll und ob unser Glaube und Charakter gestärkt werden oder ob wir uns von Gott weg bewegen und in Bitterkeit, Angst, Zweifel und Enttäuschung führen lassen. Die Schwierigkeiten in unserem Leben enthüllen, inwieweit wir tatsächlich glauben, dass Gott *für* uns ist und seine Worte bezüglich unserer Bestimmung wahr sind. Für jede Krise hat Gott bereits die nötigen Waffen in unser Arsenal hinzugefügt.

Josef hat dies erkannt: „Ihr zwar, ihr hattet Böses gegen mich beabsichtigt. Gott <aber> hatte beabsichtigt, es zum Guten <zu wenden>, damit er tue, wie es an diesem Tag ist, ein großes Volk am Leben zu erhalten" (1. Mose 50,20). Manchmal sieht die Erfüllung anders aus, als wir es uns vorgestellt haben.

In Lukas 18,1-8 steht ein Gleichnis, mit dem Jesus uns ermutigen möchte: „Er sagte ihnen aber auch ein Gleichnis dafür, dass sie allezeit beten und nicht ermatten sollten." Wir sollen ein Nein nicht akzeptieren. Die Witwe im Gleichnis fordert immer wieder ihr Recht ein, obwohl es sich um einen ungerechten Richter handelt. Sie gibt nicht auf und auch wir sollen in unseren Gebeten nicht nachlassen. Jesus fragt am Schluss des Gleichnisses: „Gott aber, sollte er das Recht seiner Auserwählten nicht ausführen, die Tag und Nacht zu ihm schreien, und sollte er es bei ihnen lange hinziehen? Ich sage euch, dass er ihr Recht ohne Verzug ausführen wird. Doch wird wohl der Sohn des Menschen, wenn er kommt, den Glauben finden auf der Erde?" (Lukas 18,7-8)

Haben wir diesen Glauben, an Gott und seinen Zusagen festzuhalten, auch wenn es zunächst nicht so aussieht, als ob sich etwas verändert?

Gottes Wort ist die Munition, mit der wir kämpfen können. Wir dürfen Gott an sein Wort erinnern. Gebet ist die Kraft, die Gottes *Logos*-Wort lebendig macht und mit Kraft erfüllt. Dadurch werden sich Gottes Absichten hier auf der Erde erfüllen.[30]

Alles ist auf Jesus hin geschaffen (Kolosser 1,16): wir Menschen, Gegenstände, Natur. Materie ist nicht starr, sondern beweglich. Sie besteht aus Atomen, die sich bewegen. Gott spricht ein Wort und es geschieht. Sein Wort ist schöpferisch. Aus dem Nichts schuf er die Erde. Dieselbe Kraft hat Gott in unsere Worte gelegt: Sie sind schöpferisch. Aus diesem Grund wartet die ganze Schöpfung auf das Offenbarwerden der Söhne und Töchter Gottes (Römer 8,19). Wir dürfen im Auftrag Gottes erbitten, dass seine Absichten auf der Erde sichtbar werden. Deswegen beten wir im Vaterunser: „Dein Wille geschehe, wie im Himmel, so auf Erden" (Vaterunser, ökumenische Fassung).

„Ihr habt nichts, weil ihr nicht bittet; ihr bittet und empfangt nichts, weil ihr übel bittet, um es in euren Lüsten zu vergeuden" (Jakobus 4,2). So ist es gut im Willen des Vaters und in Übereinstimmung mit diesem und damit in der Autorität des Wortes Gottes zu beten.

Gottes Wort auszusprechen, auch die prophetischen Worte, die er gegeben hat, ist um vieles kraftvoller, als nur unsere eigenen Worte zu sagen. Wir sprechen dann mit Autorität und erinnern Gott an die Verheißungen, die er selbst gegeben hat. Wir beten auf diese Weise in völliger Übereinstimmung mit dem Wort Gottes und seinem Willen. Gott will auferwecken und neu schaffen, einen neuen Himmel und eine neue Erde. Erst bei der Neuschöpfung ist das Gebet am Ziel. Erst bei der Neuschöpfung ist Gott am Ziel. Gott muss das Auferstehungsleben seines Sohnes in alles hineinsprechen, sowohl in das, was atmet, als auch in alle Dinge, die nicht atmen. Gott möchte, dass wir ihm dabei helfen. Leben in alles hineinzubeten, was existiert – dies ist eine Aufgabe der prophetisch Begabten.[31]

> **Zusammenfassend können wir sagen:** Zwischen dem Hören der Verheißung und ihrer Erfüllung liegt eine Zeit des Wartens und Ausharrens. Wir lernen dadurch, Gott zu vertrauen und nicht unseren Möglichkeiten. Gott formt in dieser Zeit unseren Charakter.

6.5 Anregungen zur Vertiefung

- Welche prophetischen Worte hast du vielleicht zur Seite gelegt, obwohl du weißt, dass Gott sie dir gegeben hat. Gott möchte sie erfüllen. Wirf das Netz auf der anderen Seite des Bootes nochmals aus. Warum noch warten und nicht starten? Jetzt!
- Schreib deine Vision(en), die prophetischen Worte auf Tafeln (Zettel). Versuch das ganze Bild zu erkennen!
- Stell dir deine Vision, das prophetische Wort bildlich vor!
- Bete schöpferisch deine Vision im Glauben!

❼
Prophetie im Gemeindealltag

7.1 Ausrichtung des prophetischen Dienstes

Die Gabe der Prophetie ist zum Nutzen der ganzen Gemeinde bestimmt (1. Korinther 12,7). Sie soll der Gemeinde dienen, d. h. etwas Positives bewirken. Was braucht eine Gemeinde, was nutzt ihr? Erbauung, Trost, Ermutigung, Weisung und Worte, die den Glauben stärken.

Neben prophetisch Begabten gibt es den prophetischen Dienst. In diesem Kapitel befasse ich mich explizit mit dem prophetischen Dienst und nicht mit prophetisch Begabten (zur Unterscheidung und Begriffsklärung siehe 2.3).

Als prophetischen Dienst in der Gemeinde bezeichne ich an dieser Stelle eine Gruppe von Personen mit prophetischer Gabe, im besten Fall wird diese geleitet durch eine Person, die bereits einen prophetischen Dienst oder Amt innehat (oder dort hineinwächst), in Zusammenarbeit mit der (und unter der) Leiterschaft der Gemeinde. Zudem kann es auch einzelne Personen in der Gemeinde geben, die bereits in einen prophetischen Dienst als Einzelpersonen hineingewachsen sind.

Der prophetische Dienst einer Gemeinde beinhaltet mehr, als nur prophetische Worte für Einzelne oder Gruppen innerhalb der Gemeinde weiterzugeben. Der prophetische Dienst der Ortsgemeinde darf nicht zum Selbstzweck werden, sondern er hat eine bestimmte Ausrichtung, Ziel und Zweck. Der Schwerpunkt des prophetischen Dienstes besteht darin, ein Sprecher oder Repräsentant Gottes zu sein, und nicht in erster Linie darin, zukünftige Ereignisse vorauszusagen. Der Schwerpunkt der prophetischen Botschaften ist der Aufruf, sich ganz dem Herzen Gottes zuzuwenden. Jeder Prophet hat das brennende Verlangen in seinem Herzen (oder sollte es haben), dass sich das Volk Gottes (wieder) seinem Gott zuwendet und ein Leben nach seinem Willen führt. Die Hauptaufgabe liegt darin, dem Volk Gottes das Herz seines Gottes zu offenbaren und gleichzeitig das Herz der Menschen so zu treffen, zu berühren, dass sie ihr Leben radikal nach dem Willen Gottes ausrichten.

Das vorrangige Ziel des prophetischen Dienstes ist, auf Jesus hinzuweisen (Offenbarung 19,10) und die Herzen der Menschen zum Herzen des Vaters zu bringen. Mir persönlich hat Gott einmal gesagt, dass meine Hauptaufgabe darin liegt, das Herz des Vaters den Menschen mitzuteilen und zu offenbaren. Die Offenbarung Jesu Christi und seiner Herrschaft ist die grundlegende Aufgabe und Daseinsberechtigung aller prophetischen Offenbarungen.

Die Ehre für die erhaltene Offenbarung gehört Gott. Er ist es, der durch uns redet. Wir sollten darauf achten, dass wir ihm alle Ehre dafür geben. „Ich bin Jahwe, das ist mein Name. Und meine Ehre gebe ich keinem anderen noch meinen Ruhm den Götterbildern" (Jesaja 42,8).

Ein weiterer Aspekt des prophetischen Dienstes liegt darin, die Gemeinde – die Heiligen – für das Werk des Dienstes zuzurüsten: Berufung auszusprechen, Vision zu vermitteln, freizusetzen, zu begleiten, zu trainieren etc. „Für die Erbauung des Leibes Christi, bis wir alle hingelangt sind zur Einheit des Glaubens und der Erkenntnis des Sohnes Gottes, zur vollen Mannesreife, zum Vollmaß des Wuchses der Fülle Christi" (Epheser 4,12). Dabei geht es nicht nur um ein Training im Bereich von Prophetie, sondern darum, Bekehrte zu Jüngern zu machen und die Gläubigen stark zu machen, damit sie selbst in die Kampfarena hineintreten können, um im Alltag das zu tun, was Jesus ihnen aufgetragen hat. Um selbst aktiv den Glauben und in der eigenen Berufung zu leben.

Viele Menschen sind geistlich blind geworden, so dass sie die Wahrheit nicht mehr erkennen können. Hier lautet die Aufgabe: die Gefangenen zu befreien, Worte des Lebens zu sprechen, Hoffnung zu verkündigen, die Freiheit in Jesus auszurufen, „Blinde Augen aufzutun, um Gefangene aus dem Kerker herausführen (und) aus dem Gefängnis, die in der Finsternis sitzen" (Jesaja 42,7).

Jesus selbst ist die Wahrheit und das Licht. Wenn wir seine Gedanken und die Wahrheiten des Wortes Gottes durch ein prophetisches Wort weitergeben, dann können Menschen oder sogar ganze Gemeinden die Wahrheit (wieder) erkennen und die Wahrheit wird sie frei machen. „Ihr werdet die Wahrheit erkennen, und die Wahrheit wird euch frei machen!" (Johannes 8,32).

Durch den prophetischen Dienst werden in Menschen Verteidigungsmauern, falsche Gedankengebäude und Abwehrmechanismen niedergerissen und durchdrungen (vgl. Jeremia 1,10), so wie bei Jesus und der Frau am Jakobsbrunnen. Jesus überwand ihre Abwehrmechanismen und Vorurteile durch seine prophetische Offenbarung gepaart mit Liebe. Dadurch konnte er bis in die verborgensten Winkel ihres Herzens vordringen. Der Heilige Geist hatte Jesus gesalbt, das Verborgene ans Licht zu bringen, damit die Menschen erkennen konnten, dass er wirklich der Messias war.[32]

Eine weitere wichtige Aufgabe des prophetischen Dienstes ist, das Zukünftige zu offenbaren: „Das Frühere, siehe es ist eingetroffen, und Neues verkündige ich. Bevor es aufsprosst, lasse ich es hören" (Jesaja 42,9). Gott offenbart seinen Propheten, was er in Zukunft tun will, damit die Gemeinde sich darauf vorbereiten kann und der Prophet und die Gemeinde dafür beten können, dass der Wille Gottes geschieht. Prophetie hat also etwas Seelsorgerliches.

In Amos 3,7 heißt es, dass Gott nichts tut, es sei denn, dass er sein Geheimnis seinen Knechten, den Propheten, enthüllt hat. Durch die hier genannten Bibelstellen wird deutlich, dass es immer wieder notwendig ist, bei wichtigen Entscheidungen oder Fragen der Ortsgemeinde, den prophetischen Dienst der Gemeinde oder falls vorhanden den im Dienst oder Amt stehenden Propheten mit einzubeziehen, da sonst ein wichtiger, von Gott eingesetzter Teil, fehlt. Die Entscheidung, was mit den prophetischen Impulsen geschieht, ist dann die Verantwortung der Leiterschaft und Ältesten der Gemeinde.

Paulus schreibt an Timotheus: „Dieses Gebot vertraue ich dir an, <mein> Kind Timotheus, nach den vorangegangenen Weissagungen über dich, damit du durch sie den guten Kampf kämpfst, indem du den Glauben bewahrst und ein gutes Gewissen" (1. Timotheus 1,18). Durch die erhaltenen prophetischen Worte sind wir in der Lage, im Alltag den guten Kampf des Glaubens zu kämpfen. Wir lernen, an den Verheißungen Gottes trotz widriger Umstände festzuhalten, für jeden einzelnen Gläubigen sowie für die Gemeinde als Ganzes. Im Gesamtkontext der Gemeinde bedeutet dies, dass es eine Aufgabe des prophetischen Dienstes ist, die Gemeinde an die bereits erhaltenen prophetischen Worte zu erinnern und ihr immer wieder Mut und Ausdauer zuzusprechen: „Das hat Gott zugesagt!"

Das Erinnern findet nicht nur im Rahmen z. B. eines Gottesdienstes statt, sondern im gemeinsamen Gebet. Prophetie und Gebet gehören zusammen. Deshalb sollten die prophetisch Begabten zur Unterstützung die bereits geprüften prophetischen Worte im Gebet durchbeten, proklamieren und Gott an seine Zusagen erinnern. In Römer 4,17 heißt es, dass Gott „das Nichtseiende ruft, wie wenn es da wäre". Ebenso müssen wir die Verheißungen Gottes betend proklamieren, sie in Existenz beten und die Gemeinde immer wieder an diese Dinge erinnern. Wir müssen Geburtshelfer sein, damit die Verheißungen Gottes zur sichtbaren Realität kommen können und der Boden geistlich dafür vorbereitet wird, dass die Saat aufgehen kann (Vertiefung dazu in 7.7).

Durch jemanden, der das Amt des Propheten innehat, oder auch eine Gruppe prophetisch Begabter innerhalb der Gemeinde wird die prophetische Offenbarungssalbung in jedem Bereich der Gemeinde freigesetzt und verstärkt. Das Himmlische wird offenbart und auf der Erde sichtbar, wie bei Saul, der plötzlich prophezeite, als er unter den Propheten war (1. Samuel 10,10).

Prophetisch begabte Menschen sind oftmals auch Wegbereiter. Sie nehmen wie Josua das Verheißene Land ein. Sie gehen voran, in etwas Neues. Sie verlassen die ausgetrampelten Pfade. Dies kann man auch an dem Beispiel von Johannes dem Täufer sehen, der Jesus den Weg bereitet hat. Johannes der Täufer sprach: „Ich bin die Stimme eines Rufenden in der Wüste: Macht gerade den Weg des Herrn" (Johannes 1,23).

Das prophetische Wort dient außerdem als Werkzeug für die Ungläubigen, damit das Verborgene ihres Herzens offenbar wird (1. Korinther 14,25). Generell wird durch das prophetische Wort das Verborgene in einem Herzen offenbar, so dass die Menschen Gottes Herrlichkeit, Kraft und Majestät erkennen. Auch ich selbst lerne gerade, meine prophetische Gabe nicht nur im Rahmen der Gemeinde auszuüben, sondern ebenso in meinem Arbeitsumfeld.

Der prophetische Dienst ist dabei jedoch nicht auf die eigene Gemeinde beschränkt. Es ist eine gute Sache, wenn lokale Leiter sich von Zeit zu Zeit mit einem anerkannten prophetischen Dienst zusammensetzen und Gottes Sicht für ihre Gemeinde herausfinden.

Auch bezogen auf den prophetischen Dienst einer Gemeinde gilt, dass wir die Qualität und Reife an den Früchten des Dienstes erkennen können: „Hütet euch vor den falschen Propheten, die in Schafskleidern zu euch kommen! Inwendig aber sind sie reißende Wölfe. An ihren Früchten werdet ihr sie erkennen" (Matthäus 7,15-16). Das, was ich tue und sage, soll gute Früchte hervorbringen.

Jesaja 61,1-6 und die Verse zweier weiterer Propheten beschreiben in wunderbarer Weise die Ausrichtung des prophetischen Dienstes:

- *Die Frohe Botschaft zu verkündigen.* Nicht den Schmerz, sondern die Hoffnung zu prophezeien, die Gott für das Leben jedes Einzelnen hat.

- *Zerbrochene Herzen zu verbinden.* Die Perspektive Gottes über Menschen auszusprechen.
- *Den Gefangenen Freilassung zuzurufen.* Die Freiheit Gottes auszurufen. Falsche Gedankengebäude niederzureißen (Religiosität, Gebundenheit usw.).
- *Freudenöl auszugießen.* Freude auszugießen, denn die Freude am Herrn ist unsere Kraft.
- *Trümmerstädte wieder aufzubauen.* Verwüstete Städte zu erneuern, was verödet lag von Generation zu Generation.
- *Erweckt werden.* Hinaufzuziehen, um das Haus des Herrn in Jerusalem zu bauen den Tempel Gottes wieder aufzubauen (Esra 1,5).
- *Die Generationen miteinander zu versöhnen.* „Und er wird das Herz der Väter zu den Söhnen und das Herz der Söhne zu ihren Vätern umkehren lassen, damit ich nicht komme und das Land mit dem Bann schlage" (Maleachi 3,24).

Im Folgenden eine Zusammenfassung der Aufgaben des prophetischen Dienstes:
- Trost, Erbauung und Ermutigung: überreich in der Erbauung der Gemeinde sein, weitergeben von persönlichen prophetischen Worten (1. Korinther 14,4+13).
- Auf Jesus hinweisen (Offenbarung 19,10) und die Herzen zum Vater hinwenden.
- Zurüstung, Ausbildung, Freisetzung (Jünger ausbilden): „zur Ausrüstung der Heiligen für das Werk des Dienstes, für die Erbauung des Leibes Christi, bis wir alle hingelangen zur Einheit des Glaubens und der Erkenntnis des Sohnes Gottes, zur vollen Mannesreife, zum Vollmaß des Wuchses der Fülle Christi" (Epheser 4,12-13).
- Predigt und Lehre: aufgebaut auf der Grundlage der Apostel und Propheten, wobei Christus selbst der Eckstein ist (Epheser 2,20).
- Das Herz der Väter zu den Söhnen und das Herz der Söhne zu den Vätern bekehren (Maleachi 3,24).

- Die Braut Jesu vorbereiten, dass sie ohne Runzeln und Falten sei, und die Gemeinde Gottes zur Heiligkeit aufrufen.
- Den prophetischen Fluss/Offenbarung in jeden Bereich der Gemeinde hineingeben.
- Das Nichtseiende rufen, wie wenn es da wäre (Römer 4,17): die Verheißungen Gottes in Existenz beten und die Gemeinde immer wieder an diese Dinge erinnern.
- Geburtshelfer sein: dass die Verheißungen Gottes in Existenz kommen und der Boden dafür geistlich vorbereitet wird, damit die Saat aufgeht.
- Wegbereiter sein wie Johannes: „Er sprach: Ich bin die ‚Stimme eines Rufenden in der Wüste: Macht gerade den Weg des Herrn' " (Johannes 1,23).
- Wächterdienst (Jesaja 62,6-7).
- Fürbitte tun: „Wenn sie aber Propheten sind und wenn das Wort des Herrn bei ihnen ist, dann sollen sie doch bei dem Herrn Fürbitte tun" (Jeremia 27,18).
- Leben in die toten Gebeine prophezeien (Hesekiel 37,1-14).
- Die Trümmerstätten wieder aufbauen (Hesekiel 13,5-6).
- Hoffnung und Glauben prophezeien für den persönlichen Glaubenskampf (1. Timotheus 1,18).
- Evangelistisches Werkzeug sein: „Wenn aber alle weissagen und irgendein Ungläubiger oder Unkundiger kommt herein, so wird er von allen überführt, von allen beurteilt; das Verborgene seines Herzens wird offenbar, und so wird er auf sein Angesicht fallen und wird Gott anbeten und verkündigen, dass Gott wirklich unter euch ist" (1. Korinther 14,25).
- Weisungen in Entscheidungen geben: Gott tut nichts, „es sei denn, dass er sein Geheimnis seinen Knechten, den Propheten, enthüllt hat" (Amos 3,7).
- Fünffältiger Dienst – Amt des Propheten – Zusammenarbeit mit Gemeindeleitung und Ältesten (Vertiefung im Abschnitt 7.2).

> **Zusammenfassend können wir sagen:** Die prophetische Gabe ist zum Nutzen der ganzen Gemeinde bestimmt, um zu ermutigen, zu trösten, zu erbauen, zu stärken und Glauben aufzubauen. Sie soll gute Früchte hervorbringen, Augen öffnen, Licht bringen und freisetzen. Sie soll Gott die Ehre geben, auf Jesus hinweisen und das Zukünftige offenbaren.

7.2 Das Fundament der Gemeinde

Wir, als Gemeinde sind auf der Grundlage der Apostel und Propheten aufgebaut. „<Ihr seid> aufgebaut auf der Grundlage der Apostel und Propheten, wobei Christus Jesus selbst Eckstein ist." (Epheser 2,20). Es heißt in diesem Text *Grundlage der Apostel und Propheten* und nicht ein einzelnes prophetisches Wort. Die Grundlage in diesem Sinne ist nicht nur die Weitergabe des prophetischen Wortes an sich, sondern dass der Prophet (eine Person, die im prophetischen Amt steht), über die Wahrheiten Gottes lehrt und vertiefende Einblicke in die Offenbarungen Gottes gibt. Im Rahmen des fünffältigen Dienstes steht die Ämtertrias Apostel, Propheten und Lehrer nochmals an gesonderter Stelle.

Apostel sind wie Baumeister bzw. Ingenieure, die für die Statik und Stabilität eines Hauses sorgen. Oft sind es Menschen mit einem großen Pioniergeist, einem starken Leitungs- und Lehrdienst und einem übergemeindlichen Blick und Auftrag. Sie gründen, bauen und prägen Gemeinden und kümmern sich stets um die Förderung der einzelnen Gläubigen. Sie geben Vision und Richtung für die jeweilige Gemeinde vor. Barnabas war ein solcher Apostel (Apostelgeschichte 14,14), ohne dessen Unterstützung Paulus nicht in seinen Dienst hineingekommen wäre (Apostelgeschichte 11,19-26). Apostel hatten einen übergemeindlichen Dienst und setzten Diakone und Älteste ein. Wunder und übernatürliche Zeichen waren und sind Merkmale eines apostolischen Dienstes (Apostelgeschichte 5,12; 2. Korinther 12,12). Auch heute gibt es noch Menschen mit apostolischer Salbung und Berufung.

In Epheser 2,21 steht weiter: „In ihm [d. i. Christus Jesus, Anm. d. Herausgebers] zusammengefügt, wächst der ganze Bau zu einem heiligen Tempel des Herrn". Das Verb „wachsen" drückt den Prozess des Wachsens und Formens aus. Ziel ist ein heiliger Tempel, eine Braut ohne Runzeln und Flecken.

Die Propheten und die prophetisch Begabten sollten den Gemeindebau unterstützen. Ihre Gabe ist zum Nutzen für die Gemeinde. In Esra 5,1-2 wird das folgendermaßen beschrieben: „Und der Prophet Haggai und Sacharja, der Iddos, die Propheten, weissagten den Juden, die in Juda und in Jerusalem waren, im Namen des Gottes Israels, der über ihnen war. Da machten sich Serubbabel, der Schealtiel, und Jeschua, der Sohn Jozadaks, auf und fingen an, das Haus Gottes in Jerusalem zu bauen. Mit ihnen waren die Propheten Gottes, die sie unterstützten." Ein schönes Bild für die Aufgabe des Ermutigens, der Unterstützung und des positiven Antreibens. Beides läuft zusammen, das Bauen sowie das Unterstützen. Ziel ist der Bau des Tempels. Aber es ist auch ein Bild für die genannte Bibelstelle in Epheser 2,20, dass der apostolische und der prophetische Dienst zusammenwirken und die Gemeinde auf der Grundlage der Apostel und Propheten gebaut ist, Serubbabel als Beispiel für den apostolischen Dienst und Haggai und Sacharja für den prophetischen Dienst.

Die neutestamentliche Gemeinde ist auf dem Grund der Apostel und Propheten aufgebaut. Gott tut nichts, dass er nicht zuvor seinen Propheten offenbart (Amos 3,7). Dies beinhaltet eine große Verantwortung, zeigt aber auch, dass Gott den ganzen Leib (die Gemeinde) sieht und jedem einzelnen Glied eine wichtige Aufgabe und Funktion zuweist. Nichts kann ohne die anderen funktionieren bzw. nur unvollkommen und nicht ausreichend. Die Kraft der Gemeinde liegt in der Einheit. Dorthin befiehlt Gott seinen Segen. Der Prophet steht in der Gemeinde, aber ein kleines Stück erhöht (keine Wertigkeit), damit er besser sehen kann, wie der Wächter auf der Mauer oder vor den Toren der Stadt. Er sieht ein kleines Stück weiter und spricht die Dinge aus, die Gott tun möchte, oder warnt vor Gefahr.

Gott ist seit Jahrhunderten dabei, die biblische Lehre der neutestamentlichen Gemeinde wiederherzustellen. Ein Anfang kann gesehen werden bei Martin Luthers Lehre über die Gnade bis hin zu unserer Zeit, in der Gott dabei ist, den fünffältigen Dienst wiederherzustellen oder den vertrauensvollen Umgang mit dem dreieinigen Gott, dem Vater, dem Sohn und dem Heiligen Geist. Die neutestamentliche Lehre wiederherzustellen ist eine Mitverantwortung für den Propheten.

Gerade der apostolische und prophetische Dienst sollten eng zusammenarbeiten. Im Dienst außerhalb der Ortsgemeinde ist es notwendig, dass ein Prophet von einem Apostel geprüft wird und unter seinem geistlichen Schutz steht.

„Der Prophet wird also an dieser klaren Stellung zum Wort Gottes und an seiner Anerkennung des Lehrdienstes erkannt. Ein wahrer Prophet tritt für die Lehre der Schrift ein. Am Beispiel von Judas und Silas, die Propheten waren, sehen wir, wie diese handelten: ‚*Und Judas und Silas, die auch selbst Propheten waren, ermunterten die Brüder mit vielen Worten und stärkten sie im Glauben*' (Apostelgeschichte 15,31-32). Diese Stärkung geschah durch Hinweis auf die Apostellehre und dem, was dem Heiligen Geist gefiel. Durch diesen Dienst der Bestärkung in der Lehre wurden Propheten zum Fundament der Gemeinde [...] Der Prophet hilft, alte Wahrheiten immer neu ins Licht zu bringen und zum Gehorsam gegen sie aufzurufen. Als Prophet aktualisiert er die

Wahrheiten der Heiligen Schrift. So kann er erwecklich und reformatorisch wirken. Diese Unterordnung unter das Wort und der Einsatz für die Wahrheit des Wortes, wie auch ihre Unterordnung unter die Dienste der Lehre und Leitung sind geistliche Qualitätsmerkmale".[33]

> **Zusammenfassend können wir sagen:** Die Gemeinde steht auf der Grundlage der Apostel und Propheten. Sie unterstützen den Bau am Tempel Gottes (Gemeinde, Reich Gottes). Sie prophezeien nicht nur, sondern geben Einblick in den Willen und die Offenbarung Gottes. Was der Prophet ausspricht, bestätigt sich in dem, was der Apostel bereits in seinem Herzen trägt.

7.3 Unterordnung und Zusammenarbeit mit der Gemeindeleitung / Mentorenschaft

Der prophetische Dienst in der lokalen Gemeinde muss in die Leiterschaft eingebunden und dieser unterstellt sein. Der normale Platz für entwicklungsfähige Leute im prophetischen Dienst ist unter der Aufsicht und dem geistlichen Schutz des Pastors und der Ältesten. Das geschieht unter den normalerweise heute herrschenden Bedingungen nur selten konfliktfrei. Aber genau daran gilt es zu arbeiten. Die gegenseitige Beziehung zwischen prophetischem Dienst und lokaler Leiterschaft sollte klar geregelt sein. Sonst gibt es Spannungen und Einschüchterungen. Spannung durch Missverständnisse, Einschüchterung durch Unsicherheit, und zwar auf beiden Seiten. Erst wenn wir verstehen, dass beide Seiten in bestimmten Bereichen dienen, wird uns das helfen, auch die gegenseitige Beziehung zu verstehen.

Dies sollte vorrangig durch den Aufbau von Beziehung geschehen. Der prophetisch Begabte sollte der Gemeindeleitung das Recht geben, in sein Leben hineinzusprechen und Korrektur auszuüben. Neben den Prüfmechanismen im Gottesdienst ist der Hauptaspekt des erhaltenen geistlichen Rahmens die Charakterschulung und der Schutz des prophetisch Begabten und der Gemeinde.

Auf der anderen Seite sollten Propheten und angehende Propheten sehr wohl gefördert werden. Prophetisch Begabte, vor allem Männer und Frauen, denen Gott offensichtlich das Amt des Propheten anvertrauen will, sollten von der lokalen Leiterschaft lernen und auch umgekehrt. Der Prophet und/oder der prophetisch Begabte sollte vor allem das Vertrauen der Gemeinde besitzen, damit der jeweilige Dienst nicht belastend wird. Das Vertrauen kann man an der Einbindung in die Gemeinde, an der Anerkennung des Wortes Gottes und an der Akzeptanz der geistlichen Leiterschaft erkennen. Zudem sollte er/sie sich in sein/ihr Leben hineinsprechen lassen, ohne dass von ihm erwartet wird, dass er fehlerfrei ist.

Die Gemeindeleitung ist für das Wohlergehen der Herde verantwortlich. Unter anderem bedeutet dies, dass die Gemeindeleitung entscheiden muss, wer wann dieser Herde dienen darf (Apostelgeschichte 20,28-31). Propheten im Neuen Testament waren, wie z. B. Silas und Judas, wertvolle Mitarbeiter mit besonderer Verantwortung. Manche Propheten sind vielleicht sogar berufen, in der lokalen Leiterschaft einer Gemeinde mitzuwirken. Dieser Bereich ist aber sehr sensibel und die meisten Propheten können nicht beide Ämter tragen.

Der prophetische Dienst darf nicht in unguter Weise über andere Dienste und Leitungsdienste erhoben werden. Es darf nicht geduldet werden, dass Propheten sich selbst zu den eigentlichen Leitern aufspielen oder dazu gemacht werden, weil sie etwas von Gott gehört haben.

„Der prophetische Dienst darf nie zur charismatischen Diktatur entarten. Die Propheten dienen der

Gemeinde, als solche, die sich selbst als ein Teil der Gemeinde verstehen. Sie stellen sich selbst unter Anspruch und Autorität der Bibel [...] Propheten sind keine Menschen mit Machtansprüchen. Ihr Dienst besteht weder in seelsorgerlicher Unterwerfung, noch in prophetischer Manipulation der Gemeinde. Die Gemeindeleitung kann nach Prüfung die Impulse des Geistes aufnehmen und danach handeln."[34]

Eine andere Aufgabe des prophetischen Dienstes ist das Lehren über den prophetischen Dienst und über die Wahrheiten Gottes. Eine reife Gemeinde kann mit einem prophetischen Dienst gut umgehen. Unreife Gemeinden werden immer irgendwelchen prophetischen Diensten und Worten nachlaufen und sie nie umsetzen.

Die Verantwortung des prophetischen Dienstes ist es, das aktuelle Wort Gottes freizusetzen. Der Prophet hört und empfängt die Offenbarung Gottes und gibt diese in aller Verantwortung weiter – der Pastor der Gemeinde hat dann die Verantwortung, was mit diesem Wort geschieht oder wann es umgesetzt wird. Die Aufgabe der lokalen Leiterschaft ist es, für die Herde zu sorgen. Es ist nicht die Verantwortung des Propheten, das prophetische Wort umzusetzen, sondern seine Verantwortung ist es einzig und allein, dieses zu geben. Ist es ein Wort für die Gemeinde, so prüft es die Gemeindeleitung und diese hat dann die Verantwortung, es immer wieder auszusprechen und es auch umzusetzen.

In meiner eigenen prophetischen Entwicklung war ich mir anfänglich unsicher darüber, ob es meine eigenen Gedanken oder die Gedanken Gottes waren, die ich als prophetisches Wort wahrgenommen hatte. Gerade im Gottesdienst hat es mir geholfen, zu wissen, dass der jeweilige Gottesdienstleiter/Moderator das Wort in seiner Verantwortung prüfen würde. Er nannte mir den jeweiligen Ursprung. Eine andere Hilfe in meiner Unsicherheit war die Unterstützung darin, den richtigen Zeitpunkt für die Weitergabe des prophetischen Wortes zu wählen. Der Gottesdienstleiter wusste, ob dieses Wort in diesem Augenblick an der Reihe war, ob es zu dem Wirken des Heiligen Geistes in diesem Gottesdienst passte, ob es zu einem späteren Augenblick drankommen sollte oder überhaupt nicht.

Seit ein paar Jahren sind meine Frau und ich in der Ältestenschaft einer neu gegründeten Gemeinde. Es ist wunderbar zu erleben, wie unsere prophetischen Impulse dort aufgegriffen werden und wie die Richtung, in welche die Gemeinde geht, dadurch mitgestaltet wird.

Das bisher Ausgeführte bedeutet nicht, dass es nicht auch reisende Propheten geben kann. Aber diese müssen unter Aufsicht einer lokalen Leiterschaft stehen. Diese lokale Leiterschaft muss von der Notwendigkeit des prophetischen Dienstes überzeugt sein. Am besten funktioniert ein reisender Prophet als Teil eines „Apostolischen Teams" – einer Gruppe von Diensten unter der Leitung eines Menschen, der im Amt des Apostels anerkannt ist.

Gott will, dass wir keine faulen Kompromisse eingehen. Auf keiner Ebene, auch nicht im Umgang mit den von ihm geschenkten Gaben des Heiligen Geistes. So sind wir gehalten, in verantwortlicher Weise, nicht aus der Distanz, sondern hautnah, den prophetischen Dienst, den der Heilige Geist in unserem Land wiederherstellt, anzuerkennen und zur Reife zu führen.

Zusammenfassend können wir sagen: Der prophetische Dienst muss unter dem Schutz und der Ordnung der Gemeindeleitung stehen. Jeder für sich hat eine bestimmte Verantwortung und einen Aufgabenbereich. Wenn beide diese wahrnehmen und zusammenarbeiten, kann sich der prophetische Dienst in einer Gemeinde zum großen Segen entwickeln.

7.4 Gottesdienstliche Ordnung

Die Propheten im Neuen Testament waren keine autoritären Machthaber, die Gläubige unterdrückten, manipulierten oder in ihrer Freiheit einschränkten. Ihr Dienst war zwar wichtig, aber sie waren nicht die Gemeindeleiter. Geleitet werden wir durch den Geist Gottes und nicht durch Prophetie. Prophetie ist ein Werkzeug im Suchen nach dem Willen Gottes.

> „Neutestamentliche Propheten mahnten, trösteten, ermunterten, erweckten und gaben Einblicke und Durchblicke wie auch Weisungen durch überzeugende Botschaften. [...] Sie waren Menschen, die sich für das Wohl der Gemeinde einsetzten, kraft ihrer Inspiration halfen, Dinge zu bewältigen, Perspektiven zu entwickeln, neu erweckt zu werden und seelsorgerliche Hilfe zu erlangen. Der Dienst der Propheten ist von Verantwortung, Bürde, Reife und Qualität geprägt. Sie waren Menschen der Liebe, bis hin zur Bereitschaft, für andere und die Gemeinde zu leiden. Durch Gottes Geist sind sie Begleiter und Helfer der kämpfenden, leidenden und angefochtenen Gemeinde. Propheten liegt die dynamische Weiterführung der Gemeinde am Herzen. Sie geben Impulse zu größerer Treue in Anfechtung und treuer Arbeit für den Herrn. Sie geben durch den Heiligen Geist Kraft zu neuem ‚Vorwärts' in Ermutigung durch stärkende Hoffnung."[35]

Die Amtspropheten sollten nicht das freie Wirken des prophetischen Charismas (der Gabe der Prophetie) in der Gemeinde verdrängen, sondern es fördern und freisetzen. Wie in der bekannten Geschichte von König Saul, der anfing zu prophezeien, als er bei den Propheten war (1. Samuel 10,10), wird der prophetische Fluss durch den prophetischen Dienst freigesetzt und intensiviert. Es gibt eine biblische Ordnung für den Gottesdienst und das Weitergeben von prophetischen Worten. Diese kann von Gemeinde zu Gemeinde variieren, aber manches ist auch festgelegt. Deshalb heißt es im Neuen Testament: „<Von den> Propheten aber sollen zwei oder drei reden, und die anderen sollen urteilen [...] Denn ihr könnt einer nach dem anderen alle weissagen, damit alle lernen und alle getröstet werden. Und die Geister der Propheten sind den Propheten untertan. Denn Gott ist nicht <ein Gott> der Unordnung, sondern des Friedens" (1. Korinther 14,29-33).

In manchen Gemeinden prüft der Gottesdienstleiter die prophetischen Worte und geistlichen Eindrücke, bevor diese laut ausgesprochen werden dürfen. Dabei kommt es darauf an, dass sie in den Gesamtzusammenhang und in den geistlichen Fluss (roten Faden) des Gottesdienstes passen und im Rahmen von Trost und Ermutigung liegen. Wenn eine Person ein prophetisches Wort mitteilt und eine andere Person den gleichen Inhalt hat, muss dieses nicht nochmals wiederholt werden, sondern dient der Bestätigung des bereits offenbarten Inhalts.

In anderen Gemeinden werden die prophetischen Worte vor der Weitergabe nicht geprüft, sondern gleich weitergegeben. Dies erfordert aber ein höheres Maß an Reife. Vielleicht gibt es ein „Gabenmikrofon", an dem jeder etwas mitteilen kann. In der Tradition der Pfingstkirchen ist es oftmals so, dass derjenige, der ein prophetisches Wort hat, aufsteht und dieses laut mitteilt.

Manchmal wird auch hörendes Gebet/prophetisches Gebet für Einzelne angeboten. In einer Zweier- bzw. Dreiergruppe wird hörend/prophetisch für eine Person gebetet. Man nimmt sich ausführlich Zeit, 15 bis 20 Minuten. Hilfreich ist es, die Impulse schriftlich festzuhalten oder aufzunehmen, so dass die Person, für die gebetet wird, diese später zu ihrer Erbauung oder Ermutigung erneut lesen kann. Es gibt sicherlich noch weitere Möglichkeiten oder auch Mischformen, wie prophetische Worte in Gemeinden weitergegeben werden. Wichtig ist, dass durch die prophetischen Worte keine Unordnung entsteht, sondern diese zum Gottesdienst passen.

> **Zusammenfassend können wir sagen:** Auch im Gottesdienst gibt es eine biblische Ordnung für den Umgang mit prophetischen Worten, damit alle gesegnet werden.

7.5 Prophetische Teams

Der prophetische Dienst beinhaltet einen Dienstbereich innerhalb einer Gemeinde oder wird auch als Bezeichnung für den prophetischen Dienst einer Einzelperson verwendet (vgl. Kapitel 7.1). Prophetische Teams sind variabler in ihrer personellen Zusammensetzung. Es ist eine punktuell zusammengesetzte Gruppe für eine bestimmte Zeit und Situation. Die Übergänge zwischen beiden Begriffen sind fließend.

Apostelgeschichte 11,27 berichtet uns, dass eine Reihe von Propheten von Jerusalem nach Antiochien kamen. Es könnte sein, dass sie als prophetisches Team gereist sind. Einer von ihnen, Agabus stand auf und gab ein wichtiges prophetisches Wort. Die Tiefe seines Wortes sagt uns ferner, dass Agabus den Dienst gründlich gelernt hatte und dass er in Zusammenarbeit mit anderen Propheten seine Sicherheit fand.

Wenn prophetisch Begabte im Team zusammenarbeiten, ergänzen sie sich nicht nur, sie verstärken auch die Salbung und den prophetischen Fluss in bestimmten Situationen. Rivalität, die tödlich sein kann, hatte in diesem Team sicher keinen Raum. Die Bibel berichtet uns hier nichts näher, aber vielleicht gab es zwischen Agabus und den vier Töchtern von Philippus, die ebenfalls Prophetinnen waren, eine prophetische Partnerschaft und Austausch (Apostelgeschichte 21,8-11). Zur Zeit des Alten Testaments jedoch gab es Prophetenschulen, in denen Propheten lernten, sich stärkten und gemeinsam mehr Erfahrungen mit dem Übernatürlichen sammelten (2. Könige 2,3ff; 2. Könige 4,1).

Jeder prophetisch Begabte hat eine bestimmte prophetische Ausrichtung, oft sogar eine bestimmte prophetische Berufung, Botschaft oder Sendung (Vertiefung dazu in Kapitel 8). Dies zeigt sich beim Prophezeien dadurch, dass jeder Begabte sich durch einen Schwerpunkt und einen bestimmten prophetischen Fluss auszeichnet. Wenn man nun als Team gemeinsam fließen will, ist es notwendig, den gemeinsamen geistlichen Fluss zu finden und sich darin zu bewegen.

Das wichtigste Kriterium für das Prophezeien im Team ist es, den prophetischen Fluss zu entdecken und sich darin zu bewegen. Hilfreich ist eine Person, die das Team anleitet und moderiert. Dieser prophetische Fluss entsteht nicht erst durch unsere prophetischen Worte, sondern liegt in der Absicht, die Gott an diesem Tag hat und die durch den Heiligen Geist hervorgerufen wird. Wenn man sich darin bewegt, ist das Wichtigste schon gewährleistet. Wir müssen nichts erzeugen und produzieren, sondern dürfen uns mit dem Heiligen Geist zusammen bewegen – uns von ihm ziehen lassen. Es ist häufig ein bestimmter Schwerpunkt oder ein roter Faden zu entdecken, in dem man sich bewegen sollte – oft erkennt man dies auch daran, wie Leute Dinge aufnehmen, also wann und wo die Salbung wächst oder schwächer wird.

Dies hat nichts mit eigenen Vorlieben zu tun. Der Heilige Geist freut sich sicher, wenn eine starke Salbung vorhanden ist. Vergleichbar ist das mit dem Schwimmen in offenen Gewässern, in denen man kalte und warme Strömungen spürt. In dem Moment, in dem man eine verstärkte Salbung auf einem Lied, einem prophetischen Wort oder einer prophetischen Aktion spürt, sollte man diesem Raum geben, da sich dort der Heilige Geist bewegt. Als Leiter hat man die Aufgabe, dies anzuleiten, so wie der Dirigent eines Orchesters den jeweiligen Instrumenten Raum gibt, die ein Solo spielen.

Im Team ist es notwendig, zusammenzuarbeiten und zusammenzufließen. Eifersucht und Neid oder der Wunsch, sich zu profilieren, sollten keinen Raum in einem prophetischen Team haben. Es kommt daher nicht nur auf die eigenen Worte und Empfindungen an, sondern darauf, dass man sich gegenseitig ergänzt im Fluss des Heiligen Geistes. Dies bedeutet auch, bei den Themen nicht hin- und herzuspringen. Ein solches Team sollte wenn möglich einen Mentor haben, am besten jemanden aus der Gemeindeleitung.

Im Folgenden ein paar praktische Tipps:
Einzelne prophetische Worte sollten nicht zu lang sein, sondern kurz und prägnant (es heißt ein *Wort* von Gott und nicht ein *Buch*) – dies ist gerade bei großen Gruppen wichtig, da sonst die Aufmerksamkeit verloren geht. Dabei heißt auch nicht zu zögerlich sein (vor allem für die Einsteiger). In der Bibel heißt es, *ein* Prophet soll reden und die anderen sollen beurteilen (1. Korinther 14,29). In diesem Zusammenhang empfehle ich, dass man sich nicht mit drei oder vier prophetischen Worten auf eine Person „stürzt", sondern nur ein Wort, vielleicht auch zwei Worte für ein und dieselbe Person gibt.

Prophetie bedeutet nicht unbedingt, nur alles auszusprechen, was einem Gott offenbart, sondern es beinhaltet auch, innerlich mitzubeten und dadurch die geistliche Atmosphäre zum Empfangen des Wortes mitzuprägen und zu unterstützen.

Mein prophetischer Fluss ist am leichtesten zu aktivieren, wenn ich beginne, für Leute zu beten, entweder innerlich oder laut. Dann hole ich die jeweiligen Personen nach vorne und bete für sie. Durch diese Gebete offenbart sich mir der Heilige Geist. Oft fängt ein prophetisches Wort auch einfach durch eine innere Last für einen Menschen an, die mir Gott aufs Herz legt, dann spüre ich die Situation oder Fragen, die diese Person hat und die Gott gerne beantworten möchte.

Manchmal erscheint es einfacher, große und überaus dramatische Worte zu geben, die vielleicht in zehn oder zwanzig Jahren eintreffen werden – dies ist schön und gut. Ich merke aber immer häufiger, dass viele Leute hungrig danach sind, Antworten auf ihre Fragen oder Hilfen für den nächsten Schritt, den sie gehen müssen, zu bekommen. Worte, die schwer zu prüfen sind, weil sie groß und weit weg sind, produzieren nicht großen Glauben. Worte aber, die in die jeweilige Situation hineinsprechen, erzeugen Glauben und geben Hoffnung. Dies erfordert natürlich eine größere Genauigkeit, gerade auch im Bereich von Worten der Erkenntnis und Weisheit.

In den letzten Jahren formt Gott diverse prophetische Netzwerke, das sind prophetische Teams über die einzelnen Gemeinden hinaus, prophetische Stimmen und überregionale prophetische Dienste von Gemeinden und Werken, die sich miteinander vernetzen und als sogenannte *Prophetic Company* (*prophetisches Ensemble*) oder *Prophetic Round Table* (*prophetischer runder Tisch*) gemeinsam agieren. Gott schenkt ein Miteinander und formt sich eine starke Armee.

Wir merken, dass uns Gott einen Auftrag gibt, prophetische Stimmen regional zu vernetzen und uns sogar national mit anderen prophetischen Diensten zusammenzutun. In anderen Nationen gibt es Prophetic Round Tables, die sich regelmäßig treffen, um gemeinsam für ihr Land oder für ihre Region vor Gott zu stehen und hörend Weisung zu empfangen. Wenn sich dann eine Verknüpfung mit den Fürbittern entwickelt, können diese Impulse durchgebetet und in den verschiedenen Gemeinden umso besser umgesetzt werden.

> **Zusammenfassend können wir sagen:** Im prophetischen Team tritt der Einzelne zurück und die Gruppe agiert ergänzend zusammen unter einer Leitung und im Fluss des Heiligen Geistes.

7.6 Prophetie und andere Dienste

Der prophetische Dienst ist ein Schlüsseldienst, wenn es darum geht, die Gläubigen zur Reife in Christus zu führen (Epheser 4,11-16). Propheten bringen den Himmel auf die Erde. Der prophetische Dienst ist wichtig, aber er ist nur ein wichtiger Dienst unter anderen Diensten. Kein Dienst, wie gesalbt auch immer, kann alles geben, damit die Bedürfnisse der Gläubigen abgedeckt werden. Der Prophet nach dem Neuen Testament ist nicht der einsame Einzelgänger, der uns im Alten Testament begegnet und – wenn überhaupt – höchstens mit seinem Schüler zusammenarbeitet (z. B. Elia mit Elisa).

Der Prophet ist Teil des Leibes Christi. Also muss der prophetische Dienst mit den anderen Diensten vertrauensvoll und ergänzend zusammenarbeiten. Der prophetisch Begabte braucht Freundschaften, Beziehungen und Dienst-Partnerschaften wie jeder andere auch. Trotzdem sollte er nicht von Beziehungen abhängig sein und auch Einsamkeit aushalten können.

Eine Prophetengruppe, die unter der Leitung von Judas und Silas stand, verkündete die Beschlüsse des Jerusalemer Konzils. Auch sie ermutigten und stärkten die Gemeinden durch ihren prophetischen Dienst (Apostelgeschichte 15,32).

In Apostelgeschichte 13,1-3 lesen wir, dass Propheten und Lehrer zusammenkamen und Gott dienten. Sie waren es, die Paulus und Barnabas in ihren apostolischen Dienst einsetzten. Möglicherweise war das die lokale Leiterschaft der Gemeinde in Antiochia.

Beide, Propheten und Lehrer, sind Diener am Wort Gottes, aber mit unterschiedlichen Aufgaben und Betonungen. Der Prophet ist immer daran interessiert, neue Offenbarung von Gott zu erhalten und nach vorne zu marschieren. Der Lehrer will vor allem das vermitteln, was schon gesagt ist, was schon feststeht. Weil sie so unterschiedlich mit Gottes Wort umgehen, brauchen sie einander. Wenn der Prophet gesprochen hat, müssen sehr oft der Lehrer und auch der Hirte kommen und die Dinge herunterbrechen auf das Gemeindeniveau.

Besonders wichtig ist die Zusammenarbeit zwischen Aposteln und Propheten. Paulus sagt klar in Epheser 2,20, dass – besonders wenn es um Grundlagen geht – beide Dienste zusammengehören. Es ist leicht zu erkennen, wie wichtig die Zusammenarbeit zwischen beiden ist. Der Prophet erkennt die Bereiche einer Gemeinde, die besondere Aufmerksamkeit verlangen, der Apostel hat die Weisheit, um die Dinge in Ordnung zu bringen. Der Prophet sieht das ganze Gebäude (Architekt) und der Apostel (Bauingenieur) weiß, wie man es bauen kann, damit es stabil ist. Der Apostel baut (1. Korinther 3,10), während der Prophet schon das fertige Haus sieht. 1. Korinther 12,28 erläutert, dass in der Gemeinde Aposteln, Propheten und Lehrern eine besondere Rolle zukommt, aber neben diesen dreien sind auch der Evangelist und der Hirte wichtig (Epheser 4,11).

Wenn prophetische Dienste alleine arbeiten, sind sie in ständiger Gefahr, aus dem Gleichgewicht zu kommen. Dafür gibt es leider genug Beispiele. Wenn Propheten dagegen versuchen, selbst ihr Gleichgewicht zu erhalten, schwächen sie oft ihren prophetischen Auftrag oder ihre prophetische Gabe. Propheten müssen mit anderen Diensten zusammenarbeiten.

> **Zusammenfassend können wir sagen:** Der prophetische Dienst ist ein Dienst unter den anderen und erlangt seine Stärke und Ausgeglichenheit erst, wenn er mit diesen zusammenarbeitet. Der prophetische Dienst sollte vor allem mit dem apostolischen Dienst und den Lehrern zusammenarbeiten.

7.7 Wächterdienst und prophetische Fürbitte

Vertiefend möchte ich an dieser Stelle auf eine wichtige Verantwortung des prophetischen Dienstes, nämlich die des Gebets, eingehen. Jeder Prophet sollte ein Beter sein. „Wenn sie aber Propheten sind und wenn das Wort des Herrn bei ihnen ist, dann sollen sie doch bei dem Herrn der Heerscharen Fürbitte tun" (Jeremia 27,18). Viele prophetische Offenbarungen werden im Gebet geboren, im Gebet durchgetragen und ins Leben gerufen. In Hesekiel 37,1-14 in der Vision der Totengebeine wird dies deutlich. Gott beauftragt den Propheten, zu den Toten zu weissagen und Leben in sie hineinzusprechen: „Weissage über diese Gebeine und sage zu ihnen: Ihr vertrockneten Gebeine, hört das Wort des Herrn […] Siehe, ich bringe Odem in euch, dass ihr <wieder> lebendig werdet. Und ich lege Sehnen an euch und lasse Fleisch über euch wachsen und überziehe euch mit Haut, und ich gebe Odem in euch, dass ihr <wieder> lebendig werdet. Und ihr werdet erkennen, dass ich der Herr bin" (Hesekiel 37, 5-6).

Ich habe schon immer gerne das Wort Gottes ausgebetet und war von einem proklamierenden Gebetsstil geprägt. Erst später lernte ich durch ein Buch von Jim Goll[36], dass man diesen Gebetsstil „Prophetische Fürbitte" nennt.

Als Christen sind wir dazu berufen königliche Priester zu sein (1. Petrus 2,9). „Ihr aber seid ein auserwähltes Geschlecht, ein königliches Priestertum, eine heilige Nation, ein Volk zum Besitztum, damit ihr die Tugenden dessen verkündigt, der euch aus der Finsternis zu seinem wunderbaren Licht berufen hat."

Jim Goll beschreibt vier Aufgaben, welche die Fürbitte nach der Bibel hat:[37]

- *Gottes Sekretär/in sein*: Jesaja 62,6-7: „Auf deinen Mauern Jerusalem, habe ich Wächter bestellt. Den ganzen Tag und die ganze Nacht werden sie keinen Augenblick schweigen. Ihr die ihr den Herrn erinnert, gönnt euch keine Ruhe und lasst ihm keine Ruhe, bis er Jerusalem <wieder> aufrichtet und bis er es zum Lobpreis macht auf Erden!" Aufgabe der Fürbitte ist es, Gott an seine noch nicht eingetroffenen und erfüllten Verheißungen und Verabredungen zu erinnern. Nicht, weil er sie vergessen könnte, sondern weil er möchte, dass wir ihm zeigen, wie wichtig uns seine Anliegen sind. Wir sollen uns dabei keine Ruhe gönnen. Dies gilt nicht nur im Besonderen für das Gebet für Israel, sondern generell für die Anliegen Gottes.
- *Für Gerechtigkeit eintreten*: Jesaja 59,15-16: „Und der Herr sah es, und es war böse in seinen Augen, dass es kein Recht gab. Er sah, dass kein Mann da war, und er wunderte sich, dass es keinen gab, der Fürbitte tat." In Jesaja 59 wird die Situation der Ungläubigen beschrieben, von denen manche zu Gott rufen: „Denn unsere Vergehen sind wir uns bewusst, und unsere Sünden, die kennen wir" (Jesaja 59,12). Wir sollen vor Gott dafür eintreten, dass anderen Menschen Gerechtigkeit widerfährt. Die Sünder und Ungerechten brauchen unsere Hilfe. Sie gehen verloren, wenn wir nicht für sie im Gebet eintreten.
- *Die Schutzmauer wieder aufbauen*: Hesekiel 13,4-5: „Wie Füchse in den Trümmerstätten sind deine Propheten geworden, Israel. In die Risse seid ihr nicht getreten, und die Mauer habt ihr nicht vermauert um das Haus Israel her, um standzuhalten im Kampf am Tag des Herrn." Fürbitte hilft, den Schutzwall wieder aufzurichten. Wer Fürbitte

tut, der baut zum Zeitpunkt der Schlacht die Schutzmauer wieder auf. Fallen vielleicht in unserer Zeit so viele Leiter in Sünde und werden so viele Gemeinden gespalten, weil keiner da ist, der im Gebet einen Schutz um sie herum aufbaut? Unsere Leiter können den Kampf, den sie führen, nicht alleine gewinnen, sondern sie brauchen unsere Gebetsunterstützung. Dies gilt auch für die weltlichen Leiter.

- *In den Riss treten*: Hesekiel 22,30: „Und ich suchte einen Mann unter ihnen, der die Mauer zumauern und vor mir für das Land in den Riss treten könnte, damit ich es nicht verheeren müsste; aber ich fand keinen." Und weil sich keiner fand, goss Gott seinen Zorn aus (Hesekiel 22,31). Dies hätte verhindert werden können. Als Fürbitter können wir in den Riss zwischen Gottes gerechtem Gericht und dem notwendigen Erbarmen für die Menschen treten. Gott ruft uns als Christen in Verantwortung. Wie oft beschweren wir uns über „die Nichtchristen" und „die böse Welt". Die Welt ist aber nur so böse, weil wir nicht genügend für sie eintreten. Wir sind das Salz der Erde und sehr oft ist das Fleisch – die Welt – verfault, weil Wirkung und Kraft des Salzes verloren gegangen sind.

Fürbitte ist die Bitte für andere, nicht für uns selbst. Wenn wir Fürbitte leisten, dann tragen wir andere im Gebet, wir tragen ihre Probleme, ihren Schmerz. In der prophetischen Fürbitte kommt die Rolle des Priesters und des Propheten zusammen.

> „Ein Priester hat die Aufgabe, die Nöte des Volkes vor Gott zu bringen. [...] Ein Prophet bringt Gottes Interessen vor den Menschen zum Ausdruck. [...] Prophetische Fürbitte ist die Schnittstelle des priesterlichen und prophetischen Dienstes."[38]

Prophetisch Begabte haben nicht nur die Aufgabe, Gottes Rhema-Wort weiterzugeben. Die prophetische Fürbitte bringt die Verheißung zur Erfüllung. Die Verheißungen kommen aus Gottes Herz. Wenn wir für ihre Erfüllung beten, beten wir für das, was Gott wichtig ist.

„Prophetische Fürbitte ist die Fähigkeit, ein Gebetsanliegen Gottes zu empfangen und dafür auf göttlich gesalbte Weise vor ihm im Gebet einzutreten"[39]. Gott legt uns seine Last aufs Herz und wir beten dann in göttlich inspirierter und von ihm geleiteter Fürbitte. Prophetische Fürbitte entspringt dem Herzen Gottes. Es geht um mehr, als nur um konkrete Anliegen – es geht darum, dafür zu beten, dass Menschen in eine Reife in Christus hineinwachsen und auf Gottes Ruf antworten. „Das Herz des Fürbitters wird zu einer Art Mutterleib, in dem Gottes prophetische Absichten zur Geburt gebracht werden. […] Prophetische Fürbitte ist unser gemeinsames Atmen mit Gott, das ‚heftige Atmen' im Gebet, um für bestimmte Situationen Leben hervorzubringen".[40]

Dies ähnelt dem Moment, in dem Gott den Menschen erschuf und seinen Odem in ihn hineinblies (1. Mose 2,7).

> **Zusammenfassend können wir sagen:** Prophetische Fürbitte entspringt dem Herzen Gottes. Sie bedeutet, Gott an sein Wort zu erinnern und ihn darum zu bitten, das zu tun, was er tun möchte. Sie ist die Kraft, die Gottes Wort wieder lebendig macht, damit Gottes Absichten hier auf der Erde geschehen können. Gott hat sich entschieden, nichts ohne uns zu tun. Prophetische Fürbitte bedeutet, in den Riss zu treten und die Verantwortung des Wächters einzunehmen.

7.8 Prophetische Gemeinde

Gottes Wunsch ist es, sich allen Gläubigen zu offenbaren (vgl. Kapitel 2.3). Das Volk Israel überließ es Mose, ihnen die von Gott gegebenen Offenbarungen weiterzuleiten. Gott möchte sich aber der ganzen Gemeinde verstärkt offenbaren. Die Gemeinde (nicht im Sinne einer einzelnen Ortsgemeinde) ist der Hort der Wahrheit. Eine prophetische Gemeinde ist eine Gemeinde, die als Ganzes so handelt, wie es einzelne Propheten in der Bibel taten in dem Wissen um Gottes Absichten, den Menschen echte Wegweisung zu geben, mit Gott zu versöhnen, auf Unrecht hinzuweisen, Hort der Wahrheit zu sein und vieles mehr. Doch dabei hat die prophetische Gemeinde heute die Haltung der Propheten im Neuen Testament (vgl. Kapitel 2.4).

Die Vision einer prophetischen Gemeinde ist es, das Herz Gottes zu offenbaren und nicht nur lehrmäßige Inhalte weiterzugeben. Wir reden also von der Gemeinde als dem Zentrum prophetischer Informationen und prophetischer Verantwortung. Die Gemeinde wird daher gegenüber der bisherigen Praxis ein verändertes und erweitertes Aufgabengebiet abdecken. Das Ziel ist es, in jedem Gemeindemitglied ein prophetisches Bewusstsein zu wecken, so dass wir in einer prophetischen Gemeinschaft leben können, alternativ zur Welt und zu dem Teil des Leibes Jesu, der sich nicht um diese Dinge kümmert. Die prophetische Gemeinde studiert das prophetische Wort, um den richtigen Weg durch die Trostlosigkeit der Welt zu finden und um das Ziel des Reiches Gottes klar vor Augen zu haben. Die prophetische Gemeinde hat den Mut, im Rahmen des prophetischen Wortes zu handeln.

Prophetische Gemeinde zu sein heißt, als Gemeinde Gottes pionierhaft zu sein – und es bedeutet, dass das Leben von vielen Menschen in der Gemeinde prophetisch ist, da es ein göttliches Element oder göttliche Gedanken zum Ausdruck bringt, es bedeutet, Wegbereiter zu sein wie Johannes der Täufer. Prophetisch ist es, immer wieder neue Wege zu gehen, ohne aus Rücksicht auf Tradition oder gelegte Strukturen einzelne Elemente zu verachten; Dinge pionierhaft anzugehen und neues geistliches Land abzustecken. Hier passt insbesondere auch der Dienst Elias zu versöhnen und wiederherzustellen hinein. Die Gemeinde trägt zur Wiederherstellung aller Dinge bei. Der prophetische Fluss ist in einer prophetischen Gemeinde verstärkt vorhanden und ist dort besonders intensiv wahrnehmbar. Gott ist dabei, den prophetischen und apostolischen Dienst wiederherzustellen und diese beiden Dienste zusammenzuführen.

Gott möchte, dass sein Herzschlag in die verschiedenen Bereiche der Gesellschaft hineingesprochen wird. Wir haben den Auftrag, die Welt zu verändern, in dem Umfeld, in das Gott uns hineingestellt hat, in Bereichen wie Politik, Wirtschaft, Bildung, Kultur, Sport und Religion. Gott lässt Probleme in unserem Umfeld zu, weil er sich danach sehnt, dass er durch uns zu einer Antwort für gesellschaftliche Fragen und Herausforderungen werden kann. Mit Gott dürfen wir Geschichte schreiben.

Kennzeichen einer prophetischen Gemeinde sind:
- Sie schafft eine versöhnte und versöhnende Gemeinschaft der Gläubigen und erhält diese aufrecht (2. Korinther 5,16-21; Kolosser 1,21-23; Philipper 2,1-11; Epheser 2,1-22).
- Sie erkennt und benennt den wahren Feind (Matthäus 10,28; Lukas 12,4-5; Epheser 6,12; Römer 8,38-39; 1. Korinther 15,26; Offenbarung 20,2).
- Sie sagt der weltlichen Machtausübung in jeder Form ab (Matthäus 20,20-28; Markus 9,35-37; Lukas 9,46-48; 22,24-27; Johannes 13,12-17; Philipper 2,1-11, 1. Korinther 1,18-31).
- Sie setzt sich für Gerechtigkeit in der Gesellschaft ein (Psalm 82,1-4; Amos 5,21-24; Lukas 3,10-14; 4,18-21; Matthäus 11,4-6; Epheser 5,11).

- Sie schenkt der Gegenwart Gottes, dem Reich Gottes, der Vision vom Königreich und der Nation so viel Aufmerksamkeit wie den eigenen Bedürfnissen.
- Sie lebt in der Gegenwart, lernt aus der Vergangenheit, blickt in die Zukunft hinein und arbeitet dafür.
- Sie vermittelt das Evangelium der Gnade und die ausgewogenen Kriterien des Reiches Gottes
- Sie setzt im Gehorsam gegenüber dem Evangelium eine Art Gegenkultur zur „Welt" in die Praxis um.
- Sie ist wirklich messianisch und offenbart das Wesen des Reiches Gottes und die Natur Jesu Christi. Sie führt das Werk Jesu fort und erfüllt damit ihre Aufgaben im Reich Gottes.

> **Zusammenfassend können wir sagen:** Die Vision einer prophetischen Gemeinde ist, das Herz Gottes zu offenbaren und nicht nur lehrmäßige Inhalte weiterzugeben. Die prophetische Gemeinde wird das Notwendige tun, um Jesu Wiederkommen zu begünstigen.

7.9 Anregungen zur Vertiefung

- Wie ist deine prophetische Ausrichtung?
- Wie sieht in deiner Gemeinde die Zusammenarbeit zwischen Gemeindeleitung und prophetischem Dienst aus?
- Wie werden die prophetischen Worte in deiner Gemeinde weitergegeben?
- Wie sieht dein Gebetsdienst bzw. der Gebetsdienst deiner Gemeinde aus?
- Führe ein Gebetstagebuch!
- Gibt es Gleichgesinnte, mit denen du dich zusammenschließen kannst?
- Welche der Aspekte einer prophetischen Gemeinde treffen auf deine Gemeinde zu?

8

Die Formung des Propheten

8.1 Vorbereitungszeit des Propheten

Propheten werden nicht geboren, sie werden geformt und benötigen eine Zeit der Vorbereitung. Dieses Thema ist sehr wichtig, da wir schnell in der Gefahr sind, unsere Gaben als eine besondere Auszeichnung zu verstehen. Gerade bei prophetisch Begabten kann man dies beobachten. Gott aber geht es nicht nur um die Ausübung der Geistesgaben, sondern um die Früchte des Geistes in unserem Leben.

In Bezug auf die Gabe der Prophetie gibt es eine Redensart: *Der Unterschied zwischen der Gabe der Prophetie und dem Amt des Propheten sind 20 Jahre.*

Die Gabe der Prophetie kann jeder Gläubige ausüben. Das Amt des Propheten benötigt dagegen eine lange Vorbereitungszeit und ist nur wenigen vorbehalten. Der geistliche Dienst braucht immer eine lange Vorbereitungszeit, dies kann man auch am Beispiel von Mose, Josef und Jesus selbst gut erkennen. Jesus wurde etwa 30 Jahre auf seinen Dienst vorbereitet (Lukas 3,23) und diente ungefähr 3 Jahre, Mose wurde 80 Jahre vorbereitet und diente 40 Jahre (vgl. 4. Mose 14,33 und 5. Mose 34,7) und Josef diente ca. 22 Jahre.

Grundlegend ist, dass wir uns mit unserer Berufung nicht profilieren oder in den Vordergrund drängen wollen. Vielleicht hat Gott dich in das Amt des Propheten hineinberufen, aber es ist noch nicht die Zeit dafür, dass dies nach außen sichtbar wird. Gott wird dies von außen durch andere bestätigen, wenn die Zeit dafür reif ist.

Wichtig ist außerdem, dass wir uns zwar nach der Gabe ausstrecken, aber nicht nach einem bestimmten Stand oder Level. Man fängt immer mit dem ersten Schritt an. In dem Maße, wie ich mich in meiner Begabung bewege, wird sie zunehmen und wachsen. Es wäre fatal, wenn wir nur vor Augen hätten, was für ein großer Prophet wir einmal werden können, und dabei die vor uns liegenden Schritte vergäßen. Wir sind dann von Anfang an sehr stark in der Gefahr, uns über andere zu erheben.

Das entscheidendste Kriterium und Charakteristikum ist die göttliche Demut. Gott sagt in seinem Wort, dass er den Stolzen widersteht und sich den Demütigen nähert (Sprüche 29,23; Jakobus 4,6). Aus diesem Grund ist die Vorbereitungszeit Gottes mit uns sehr notwendig und unbedingt durchzuhalten, damit unsere geistlichen Pfeile auch wirklich ins Schwarze treffen können. Gott hat Josua diese Zubereitungszeit zugemutet. Er selbst war scheinbar bereit, schon in das Verheißene Land einzutreten, aber das Volk Israel noch nicht. Josua musste an der Seite von Mose und dem Volk nochmals durch die Wüste, um sie zu ermutigen und Glauben auszusprechen – dies entspricht der Aufgabe des prophetischen Dienstes: die Verheißungen Gottes auszusprechen.

Im Reich Gottes geht es nicht um Selbstdarstellung, sondern um die göttlichen Zeitpunkte. Ein *Jetzt* von Gott kann in menschlicher Perspektive viele Jahre dauern. Wenn wir anfangen, uns selbst zu puschen und hervorzuheben, verlassen wir die Demut, wir sind in der Gefahr zu kontrollieren und zu manipulieren.

Dies ist der Grund, warum Johannes der Täufer einen Kamelhaarmantel trug, und zwar mit der Außenseite nach innen – als Zeichen seiner eigenen Sündhaftigkeit und seiner Bereitschaft, immer wieder von seinen eigenen Wegen umzukehren. Die raue, haarige Seite erinnerte ihn ständig daran, dass er auf die Vergebung Gottes angewiesen war. Aus diesem Grund konnte er dann auch mit Vollmacht zur Buße aufrufen, aber nicht aus einem richtenden, sondern aus einem liebenden Herzen.[41] Johannes betete: „Er (Jesus) muss wachsen, ich aber abnehmen" (Johannes 3,30). Meine eigenen Motive, mein Selbst, meine Sündhaftigkeit, meine Rebellion, mein Stolz, meine Selbstzentriertheit, meine Profiliersucht, mein Neid – all diese Dinge müssen sterben, und zwar vor allem in einem prophetisch Begabten, da sonst auch an sich gute Prophetien davon gefärbt werden.

Es ist so leicht, mit ausgestrecktem Finger zu „prophezeien" und zu sagen: „Danke Gott, dass ich nicht bin wie diese da" (vgl. Lukas 18,11). Wir dürfen die Gabe der Prophetie nicht mit dem Recht zu kritisieren verwechseln. Gerade Daniel ist mir da ein großes Vorbild: Er bat um die Vergebung seiner und der Sünde seines Volkes. Dabei geht aus der Bibel hervor, dass Daniel seine Knie nicht vor dem Standbild Nebukadnezars gebeugt hatte, sondern nur vor Gott. Aber trotzdem bat er Gott um Vergebung und trat für das ganze Volk in den Riss. Es ist notwendig, dass wir lernen, so demütig zu sein wie Daniel (Daniel 9).

Unsere Motivation beim Prophezeien sollte immer Liebe sein. Paulus berichtet, dass ihm ein Dorn für das Fleisch gegeben wurde, damit er sich nicht selbst überhöbe (2. Korinther 12,7). Gott möchte, dass unsere Lebensbereiche mit dem übereinstimmen, was wir predigen und verkünden. Gerade, wenn hohe, übernatürliche Offenbarungen gegeben werden, ist die Gefahr des Stolzes sehr groß. Wir sollen eine lebendige Botschaft für Gott sein. Dafür bereitet er uns vor und formt uns. Dies geschieht durch alle möglichen Umstände, die Gott in unserem Leben zulässt und durch die Überführung durch den Heiligen Geist. In Drucksituationen kommt das raus, was drin ist: Ängste, Ärger, Beleidigtsein etc. Gottes Erziehungsprozess geschieht meist durch schwierige Umstände, auftauchende Probleme und Prüfungen oder durch die Korrektur von Menschen. In den Prüfungen zeigt es sich, ob wir Gott vertrauen und dem, der uns Unrecht tut, immer wieder vergeben.

Die Gemeinde muss ebenfalls eine demütige Haltung einnehmen. Der prophetische Dienst darf nicht mystifiziert werden durch seltsame Praktiken und Darstellungsweisen oder eine Überhöhung des Prophetischen an sich. Wenn prophetisch Begabte ihre Gabe nicht in Demut ausüben, sondern ihr Wunsch nach menschlicher Anerkennung deutlich wird, ist es die Aufgabe der Gemeinde, sie auf ihr Fehlverhalten hinzuweisen. Im Mittelpunkt des prophetischen Dienstes stehen Jesus und sein Wille, nicht der prophetisch Begabte.

> **Zusammenfassend können wir sagen:** Das entscheidendste Kriterium und Charakteristikum ist die göttliche Demut. Aus diesem Grund ist die Vorbereitungszeit Gottes mit uns so sehr notwendig und unbedingt durchzuhalten, damit unsere geistlichen Pfeile auch wirklich in Schwarze treffen können.

8.2 Entwickle einen göttlichen Charakter

Gott beruft Menschen für eine Aufgabe, zu der sie keinerlei natürliche Gaben und Fähigkeiten haben. Jede geistliche Gabe ist ein Geschenk von Gott, eben eine Gnadengabe. Sie hat nichts mit unserem Verdienst und Können zu tun, sondern wird uns umsonst geschenkt. Wenn jemand prophetisch redet oder Gott jemandem die Gabe der Prophetie schenkt, bedeutet dies nicht, dass diese Person dadurch von Gott eine besondere Auszeichnung oder Anerkennung erfährt oder im Vergleich zu anderen Gläubigen einen höheren geistlichen Level hat. Es bedeutet auch nicht, dass diese Person die Gabe durch Heiligung verliehen bekommen hat. Gott teilt die Gaben aus, wie und an wen er will. Aus unverdienter Gnade heraus werden jedem Menschen Gaben geschenkt, damit sie anderen zum Segen werden können. Die Gabe soll den Menschen als Segen dienen und nicht dem eigenen Wohlbefinden. So benutzt die Bibel den Begriff „Gefäße" zu Gottes Ehre. Ein Gefäß wird mit einem Inhalt gefüllt, ist aber nicht für den Inhalt verantwortlich oder hat gar einen Verdienst daran (2. Timotheus 2,20-22).

Dennoch stehen wir in der Gefahr, die übernatürlichen Gaben als ein Zeichen zu sehen, dass Gott die geistliche Reife, das Leben, den Charakter und auch die Lehre dieses Menschen in besonderer Weise hervorhebt und gutheißt. „Wer fälschlicherweise annimmt, geistliche Begabungen und Salbungen würden den Charakter fördern, wird auch daraus schließen, dass ein guter Charakter geistliche Gaben hervorbringt [...] Dies legt auch nahe, die geistlichen, reifsten und gerechtesten Menschen wären diejenigen mit den herausragendsten Gaben."[42]

Aus diesem Grund ist es wichtig und sollte das vorrangige Ziel jedes Begabten sein, an seinen Charakterschwächen zu arbeiten, und er sollte der Gemeindeleitung das Recht geben, korrigierend in sein Leben hineinzusprechen.

Mit unserer Bekehrung beginnt ein Prozess des geistlichen Wachsens und der Heiligung in unserem Leben. In 1. Johannes 2,12-14 können wir lesen, dass es im geistlichen wie im natürlichen Leben eine Phase der Kindheit, des Heranwachsens und des Erwachsenseins gibt. Wir können wesentlich dazu beitragen, wie schnell wir vom geistlichen Baby zum reifen Christen werden.

Die Gabe der Prophetie ist eine Gabe, die uns von Gott geschenkt wird. Aber wie stark die Gabe in unserem Leben auch sein mag, sie wird immer durch unsere Persönlichkeit und unseren Charakter gefiltert. Deshalb ist es wichtig, dass sich unser Charakter auf dem gleichen Niveau bewegt wie unsere Gabe. Je größer die Berufung, desto wichtiger ist ein geheiligter, göttlicher Charakter.

Je mehr sich Begabung und Charakter angleichen, desto genauer werden die Prophetien. Der Anteil an menschlichen Worten in einer Prophetie nimmt ab und die Anteile an dem, was Gott wirklich sagen will, nehmen zu (siehe Kapitel 3.2). „So bringt jeder gute Baum gute Früchte, aber der faule Baum bringt schlechte Früchte" (Matthäus 7,17-20).

Ein Baum, dessen Wurzeln krank sind, kann keine guten Früchte hervorbringen. Je gesünder der Baum ist, desto besser sind auch die Früchte. Wenn also noch andere Dinge als Jesus Einfluss auf deinen Lebensbaum haben, wird sich das auch auf die Früchte auswirken. Es ist für Gott einfach, uns die Gabe der Prophetie in einem Moment zu geben, aber die Entwicklung unseres Charakters braucht Zeit. Wir müssen lernen, in Weisheit und Reife mit dieser Gabe umzugehen.

Bei prophetisch Begabten können sich, wenn wir nicht aufpassen, folgende Charakterschwächen leicht einschleichen: Stolz, Neid, Selbstsucht, eitle Ruhmsucht, abergläubisches Vertrauen auf übersinnliche Kräfte (nachzulesen in Galater 5,18-21 und Philipper 2,1-8, beide in der Übersetzung Hoffnung für alle). Jakobus 4,6 fasst das zusammen: „Gott widersteht den Hochmütigen, den Demütigen aber gibt er Gnade".

Vieles, das wir unter dem Punkt *Charakterschwäche* abtun, ist nichts anderes als Sünde. Natürlich gibt es auch tatsächliche Charakterschwächen. Wenn jemand nicht besonders ordentlich ist, dann ist das eine Schwäche. Wenn jemand allerdings die Tendenz hat, immer die Wahrheit zu seinen Gunsten ein kleines bisschen zu beugen oder die sogenannte Notlüge für ihn völlig normal ist, dann ist das Sünde.

Charakterliche Stolperstellen bei der Weitergabe von prophetischen Worten:
- Wenn wir ein prophetisches Wort weitergeben, und in unserem Herzen sind noch Bitterkeit, Unversöhnlichkeit oder Neid, dann wird die Prophetie von den negativen Dingen in unserem Herzen beeinflusst und verfälscht.
- Wir dürfen nie versuchen, durch ein prophetisches Wort Konflikte in einem Hauskreis, einer Gemeinde oder bei einzelnen Personen zu lösen.
- Wir dürfen nicht durch prophetische Worte andere manipulieren.
- Wir dürfen nicht einem anderen einen Gefallen tun, weil er sich doch so sehr ein Wort vom Herrn wünscht. Gott bestimmt, zu wem er reden will, nicht wir.

Die Formung des Propheten

- Wir dürfen nicht die Anerkennung von Menschen suchen. Prophezeie nicht aus dem Bedürfnis nach Anerkennung!
- Überwinde Verletzungen. Entwickle einen Lebensstil des Vergebens, besonders wenn du dich abgelehnt oder unverstanden fühlst.

„Die Frucht des Geistes aber ist: Liebe, Freude, Friede, Langmut, Freundlichkeit, Güte, Treue, Sanftmut, Enthaltsamkeit. Gegen diese ist das Gesetz nicht (gerichtet). Die aber dem Christus Jesus angehören, haben das Fleisch samt den Leidenschaften und Begierden gekreuzigt. Wenn wir durch den Geist leben, so lasst uns durch den Geist wandeln! Lasst uns nicht nach eitler Ehre trachten, indem wir einander herausfordern, einander beneiden!" (Galater 5,22-25).

Die Früchte des Geistes sollten in unserem Leben/Charakter sichtbar sein.

Die Früchte des Geistes:	Die Früchte des Fleisches:
Liebe	Hass, Neid, Überheblichkeit (Ich bin ein besserer Prophet)
Freude	Traurigkeit (verurteilende Worte, Prophetie heute mit dem Anspruch der Propheten des AT, fehlende Erbauung)
Frieden	Krieg, Streit, schlechtes Reden über andere
Geduld	Ungeduld (nicht auf Gottes Zeitpunkt warten wollen)
Freundlichkeit	Ablehnung, Unfreundlichkeit, Kränkungen (Beleidigtsein, sich nicht korrigieren lassen)
Güte	Hartherzigkeit, Stolz (Verurteilen, Richten)
Treue	Untreue
Selbstbeherrschung	Ausschweifung, Selbstsucht
Vergebung	Unversöhnlichkeit
Gottesfurcht	Menschenfurcht

Die Liebe ist die erste Frucht des Geistes. In 1. Korinther 13,1-13 beschreibt Paulus, wie sich Liebe äußert. Besonders in den Versen 4 bis 7 beschreibt er die guten Eigenschaften einer Person, die aus Liebe handelt. Wir sollten uns täglich darin üben, uns selbst zu sterben, unserem Ego, dem alten Menschen. Denn durch Jesus sind wir eine neue Schöpfung. Erst nach der Beschreibung wahrer Liebe folgen in 1. Korinther 14 die Gaben des Geistes. Erst die Liebe, dann die Gaben.

Ein Schiff, das nur im Hafen liegt und geputzt wird und schön geschmückt ist, sieht zwar gut aus, aber es wird nie das Ziel erreichen. Wir müssen herausfinden, ob unser Schiff auch seetauglich ist. Es ist erlaubt, Fehler zu machen. In Sprüche 24,16 steht: „Denn siebenmal fällt der Gerechte und steht <doch wieder> auf."

Es ist nicht schlimm, einen Fehler zu machen oder hinzufallen, es ist nur schlimm, liegen zu bleiben. Hast du einen Fehler gemacht, dann kannst du dich dafür entschuldigen und daraus lernen. Wie Kinder das Laufen lernen, so ist es auch im Geistlichen, wir lernen, indem wir immer wieder aufstehen, wenn wir hingefallen sind. Manchmal brauchen wir auch die helfende Hand eines geistlich, reiferen Christen, der uns hilft, wieder auf die Beine zu kommen. Aber die größte Hilfe bekommen wir durch Gott selbst, denn er ist es, der in uns das Wollen und Vollbringen wirkt. (Philipper 2,12-13).

Wie können wir nun unseren Charakter verändern?

„Wir alle aber schauen mit aufgedecktem Angesicht die Herrlichkeit des Herrn an und werden <so> verwandelt in dasselbe Bild von Herrlichkeit zu Herrlichkeit, wie <es> vom Herrn, dem Geist, <geschieht>" (2. Korinther 3,18).

Verbring Zeit in der Gegenwart Gottes. Bitte den Heiligen Geist, dir die Dinge zu zeigen, die in deinem Leben nicht in Ordnung sind. Bekenne deine Sünden vor Gott und Menschen. Bitte den Heiligen Geist dir zu helfen, deinen Charakter zu ändern und die falschen und sündigen Gewohnheiten abzulegen. Bedenke: Gottes Zeitplan ist perfekt. Wenn du 20 Charakterschwächen bei dir entdeckst, dann frag Jesus, wo er anfangen will, dich zu verändern. Wenn du nämlich mit allen gleichzeitig beginnst, wirst du es nicht schaffen.

Gib jemandem, dem du vertraust, das Recht in dein Leben hineinzusprechen. Sei korrigierbar. Sieh Kritik an dir nicht als Ablehnung oder Verletzung, sondern als eine Möglichkeit, dich selbst neu vor Gott in diesem Punkt zu prüfen.

Solange wir unseren Blick auf Jesus gerichtet halten und uns immer wieder hinterfragen, wem wir mit unserer Gabe Ehre geben, sind wir auf einem guten Weg.

Unsere Motivation sollte immer die Liebe zu Gott und die Liebe zu den Menschen sein, denen wir dienen. Keiner von uns ist perfekt und wir stehen alle in dem Prozess der Heiligung, Jesus immer ähnlicher zu werden. Wir dürfen und sollen einander in Liebe und Barmherzigkeit helfen, unsere Gaben zu Gottes Ehre einzusetzen.

„[...] so erfüllt meine Freude, dass ihr dieselbe Gesinnung und dieselbe Liebe habt, einmütig, eines Sinnes seid, nichts aus Eigennutz oder eitler Ruhmsucht (tut) sondern dass in der Demut einer den anderen höher achtet als sich selbst [...] Habt diese Gesinnung in euch, die auch in Christus Jesus <war>, der in Gestalt Gottes war und es nicht für einen Raub hielt, Gott gleich zu sein. Aber er machte sich selbst zu nichts und nahm Knechtsgestalt an, indem er den Menschen gleich geworden ist, und der Gestalt nach wie ein Mensch befunden, erniedrigte er sich selbst und wurde gehorsam bis zum Tod, ja, zum Tod am Kreuz" (Philipper 2,1-8).

> **Zusammenfassend können wir sagen:** Jede geistliche Gabe ist ein Geschenk von Gott, eben eine Gnadengabe. Sie hat nichts mit unserem Verdienst und Können zu tun, sondern wird uns umsonst geschenkt. Aus diesem Grund ist es wichtig und sollte das vorrangige Ziel jedes Begabten sein, an seinem Charakter zu arbeiten.

8.3 Verschiedene Arten der prophetischen Begabung – Deine prophetische Botschaft

Prophetisch Begabte haben die Aufgabe, die prophetische Botschaft zu predigen und auch umzusetzen. „Oft nimmt Gott seine prophetischen Gefäße und macht ihr Leben zu einer prophetischen Illustration der Botschaft, die sie verkündigen sollen."[43] Dies ist eine der Herausforderungen, die mit der prophetischen Berufung verbunden sind. In meinem Fall konnte ich schon immer recht deutlich spüren, was in anderen Menschen vorging. Ich habe aber auch unter der Sensibilität gelitten, da ich die verschiedenen „Schwingungen" nicht so recht einordnen konnte. Erst mit der Entwicklung meiner prophetischen Gabe habe ich dies gelernt. Der Bote verkörpert die Botschaft und spürt, was Gott in einer bestimmten Sache am Herzen liegt. Dazu gehört nicht nur, das Herz Gottes zu erklären, sondern auch selbst zu spüren, was ihm am Herzen liegt.

> „Das wirkliche Wesen des prophetischen Dienstes beruht [...] auf einer Leidenschaft für das Herz Gottes. [...] Mittelpunkt und Beweggrund des prophetischen Dienstes ist es, uns das Herz Jesu (das Zeugnis über Jesus) ganz neu zu offenbaren. Dazu gehört mehr, als nur seine Gedanken weiterzugeben. Es ist ein Erspüren und Offenbaren seines Herzens."[44]

Die prophetische Botschaft unseres Lebens ist sehr eng mit unserem Leben verknüpft. Es gibt verschiedene prophetische Begabungen. Mancher denkt dabei vielleicht nur an das klassische Beispiel desjenigen, der am Mikrofon ein prophetisches Wort weitergibt. Aber es gibt noch viele weitere Aspekte des prophetischen Dienstes: Prophetische Fürbitte/Gebet (siehe 7.7), prophetischer Lobpreis, prophetische Träume/Seher etc. Elias vorrangige Aufgabe war der Dienst der Versöhnung. Johannes der Täufer hatte den Auftrag, zur Umkehr zu rufen und den Weg für Jesus vorzubereiten.

Im Jahr 1999, bevor wir für eine längere Zeit in die USA reisten, fragte uns unser späterer Mentor bei der Überlegung, ob wir diese Trainingszeit bei ihm verbringen wollten: „Was ist eure Berufung?" Unsere Antwort war: „Einen prophetischen Dienst aufzubauen." Dies war ihm aber nicht genug. Er wollte wissen, was unsere prophetische Ausrichtung, unser Ziel, unser Vision-Statement sei. Zu diesem Zeitpunkt konnten wir das noch nicht beantworten, doch Gott hat es uns dann nach und nach in Amerika offenbart: Den Weg vorzubereiten, Menschen auf den Weg zu bringen, ähnlich der Berufung Johannes des Täufers. In diesem kurzen Satz liegt für Claudia und mich unser gesamtes prophetisches Herz verborgen und viele weitere unserer Begabungen finden sich darin wieder. Bezogen auf unsere Berufung sind wir in vielen Situationen und Zusammenhängen Wegbereiter oder bringen Projekte oder Menschen auf den Weg. Dies ist in beruflicher Hinsicht so, aber auch gemeindlich. Immer wieder finden meine Frau und ich uns in pionierhaften Situationen wieder. Ein weiterer Aspekt meiner speziellen prophetischen Beauftragung ist, das Herz des Vaters zu offenbaren.

Unterschiedliche Schwerpunkte können sein:
- Seher-Prophet
- Nabi-Prophet
- Issachar-Prophet

- prophetische Fürbitte/Gebet – alle prophetisch Begabten sollen Beter sein, aber manche haben eine zusätzliche, stärkere Berufung/Aufgabe in diesem Bereich
- prophetischer Lobpreis/Flaggen/Tanz
- Anwendung der Gabe der Prophetie im seelsorgerlichen Bereich
- prophetische Inhalte durch Kreativität (Musik, Kunst) ausdrücken
- prophetische Stimme in Wirtschaft, Gesellschaft, Medien und Kultur
- Prophetie als Werkzeug für Evangelisation
- Unterschiedliche prophetische Botschaften

Beispiele für unterschiedliche prophetische Schwerpunkte
- **Samuel:** Samuels Aufgabe war es unter anderem, David zum König zu salben und auf seinen Dienst vorzubereiten.
- **Daniel:** Daniel hatte Visionen, die den Lauf der Weltgeschichte deuten und vorhersagen (Daniel 7-12). Er hatte viel Einfluss im babylonischen Weltreich und war gleichzeitig ein starker Prophet.
- **Haggai:** Haggai wandte sich gegen die Fokussierung auf die eigene Existenzsicherung des Volkes Israel und setzte sich nachdrücklich für die Wiederaufnahme der längst eingestellten Bauarbeiten am Tempel ein. Der Tempelbau wurde daraufhin neu in Angriff genommen.
- **Jesaja:** Ein zentraler Abschnitt aus dem Buch Jesaja sind die Trostworte und Hinweise auf den Gottesknecht (Jesus) und die kommende Heilszeit im neu erbauten Jerusalem (Jesaja 49-55). Jesaja 40-48 beschäftigt sich mit Weissagungen des Trostes und der Rettung aus der Babylonischen Gefangenschaft.
- **Jeremia:** Jeremias Auftrag war es, dem Gottesvolk seinen Abfall von Gott vorzuhalten und das Gericht Gottes anzukündigen, das sich dann auch Schritt für Schritt verwirklichte. Die einzige mögliche Rettung für Juda war die

Umkehr zu Gott und die Unterwerfung unter das Strafhandeln Gottes. Jeremia hatte stark unter Feindschaft und Verfolgung zu leiden und wäre mehr als einmal beinahe an seinem Amt, dem unbußfertigen Volk das Gericht Gottes zu predigen, zerbrochen. Sein Leben verdeutlichte damit auch die prophetische Botschaft.

- **Hesekiel:** Hesekiel predigt zum Volk Israel im babylonischen Exil, in dem er sich auch selbst befand. „Menschensohn, ich habe dich für das Haus Israel zum Wächter gegeben" (Hesekiel 3,17).
- **Elia:** Elias Auftrag war die Wiederherstellung und die Versöhnung des Volkes Israel mit Gott. Er zerstörte die falschen Götter und Altäre und konfrontierte die Baalspriester mit der Realität und dem Eingreifen Gottes.
- **Johannes der Täufer:** Johannes' Hauptauftrag war, den Weg für Jesus frei zu machen und die Menschen in Israel auf den Dienst Jesu vorzubereiten. Johannes steht zwischen dem alten und dem neuen Bund.
- **Andere prophetische Dienste im Neuen Testament:** Agabus war Teil der Gemeinde von Antiochia und tat einen wichtigen Dienst als Prophet (Apostelgeschichte 11,27). Die Tiefe seines Wortes sagt uns, dass er den Dienst gründlich gelernt hatte und dass er in Zusammenarbeit mit anderen Propheten seine Sicherheit fand. Bei seinem zweiten Auftreten in Cäsarea gibt Agabus Paulus ein wichtiges Wort. Am gleichen Ort lebten die vier Töchter von Philippus, die ebenfalls Prophetinnen waren (Apostelgeschichte 21,8-11). Wahrscheinlich hatte er mit ihnen eine prophetische Partnerschaft und Austausch.
- **Das Beispiel Jesu:** Jesus ist der wahre Prophet und so können wir von ihm lernen, wenn wir betrachten, wie er die Dinge, die er in den Menschen sah, aussprach und anwandte. Jesus setzte prophetische Worte nicht zur Verurteilung ein, sondern um aufzubauen und aufzurichten. Am Beispiel der Frau am Jakobsbrunnen können wir sehen, dass Jesus ihren Zustand, ihre Situation gesehen und

spürte, aber zunächst nicht darauf einging. Auf der anderen Seite sah er die Gabe in ihr, selbst eine Prophetin zu sein. Jesus fing an, ihr Herz zu gewinnen, er zeigte ihr, dass er nicht gegen, sondern für sie war. Er forderte sie zum Nachdenken heraus, bis sie schließlich ihren Zustand selbst erkannte und begriff, dass das Heil und die Erlösung von Jesus kommen. Zum Schluss erfasste sie ihren Auftrag. Sie lief damit zu den Menschen in ihrem Dorf. Sie hatte Jesus als den Messias erkannt und machte ihm Raum, in Samaria zu predigen (Johannes 4,1-42).

> **Zusammenfassend können wir sagen:** Gott beruft auf unterschiedliche Weise mit unterschiedlichen Schwerpunkten. Berufungsgeschichten gehen oft mit einer spezifischen Beauftragung einher. Ich denke, dass jeder prophetisch Begabte mit seiner Berufung auch einen speziellen Auftrag von Gott bekommen hat.

8.4 Anregungen zur Vertiefung

- Wie sieht deine prophetische Botschaft aus?
- Für das Auto führen wir regelmäßig einen TÜV durch. Wie sieht ein solcher geistlicher TÜV bei dir aus, wie geht es dir: emotional – mental – im Umgang mit dem Nächsten – geistlich?
- In Jeremia beschreibt der Prophet das Bild vom Ton und vom Töpfer: Man wird geformt und geknetet. Zu einem Gefäß geformt. Gebrannt. Glasiert. Gebrannt. Ins Regal gestellt (Wartezeit). In welcher Phase befindest du dich?
- Lass dir von Gott einen Aspekt zeigen, an dem er dich verändern möchte, und arbeite daran!

Zu guter Letzt oder die Entmystifizierung der prophetischen Gabe

Man kann in Sachen Prophetie zwei Extrem-Positionen einnehmen: erstens, dass Prophetie etwas ganz Besonderes ist und nur für einige wenige Auserwählte da ist. Dagegen spricht Paulus sich in 1. Korinther 12,1 aus. Zweitens, dass jeder Eindruck oder jedes Bild als prophetisch bezeichnet wird. Dagegen spricht Paulus sich in 1. Thessalonischer 5,20 aus.

Wir müssen einen Weg dazwischen finden. Auf der einen Seite sind alle eingeladen, sich am Übernatürlichen zu beteiligen. Auf der anderen Seite müssen wir bereit sein, Propheten zu formen und freizusetzen, die aus der normalen Ebene von Prophetie herausgehen.

Mir scheint, in dem Maße, wie die Kirche reifer wird, reift auch das Prophetische und der Umgang damit. Umso wichtiger und notwendiger wird deshalb die gute biblische Lehre als Grundlage. Denn wenn echte Propheten kommen, kommen auch die falschen. Wir brauchen also hier im besonderen Maße die Gabe der Unterscheidung der Geister, damit nichts zerstört werden kann. Geistliche Unterscheidungsfähigkeit ist das beste Mittel.

Damit lernen wir, nicht methodisch zu werden im Umgang mit Prophetie, sondern wie es notwendig ist, mit Augenmaß und geistlicher Präzision daran heranzugehen und dabei Rechenschaft abzulegen und mit anderen Diensten zusammenzuarbeiten.

Die Frucht, die ein Dienst hervorbringt, ist ein sicheres Prüfkriterium. Echte Prophetie wird immer Jesus erheben und in den Mittelpunkt stellen (Offenbarung 19,10).

Es gäbe noch viel über Prophetie zu sagen oder zu erläutern. Das vorliegende Werk versteht sich als Grundlagenbuch. Von daher habe ich mich auf den zu gebenden Rahmen von Worten der Ermutigung, Tröstung und Erbauung konzentriert. Vertiefende Aspekte von prophetischen Worten der Korrektur, Ermahnung, Richtungsweisung habe ich in diesem Rahmen nur gestreift. Weitere Bereiche, die insbesondere für den prophetischen Dienst oder das prophetische Amt gelten, könnten in einem weiteren Buch ergänzt werden.

Der prophetische Dienst ist momentan dabei, wieder eine neue Schärfe zu gewinnen, nachdem er in den 90er-Jahren bereits einen Aufschwung erfuhr und sich in den letzten Jahren etabliert hat.

Mein Wunsch ist es, dass die Erfahrungen, die wir mit der prophetischen Gabe innerhalb der Gemeinde gemacht haben, noch viel stärker nach außen in unser Beziehungs- und Arbeitsumfeld mit hineinfließen. Und dass die prophetische Gabe und schließlich auch der prophetische Dienst und das Amt den Platz innerhalb der Gemeinden einnehmen, den Gott dafür vorgesehen hat.

Kleine Auswahl prophetischer Übungen

- Lass dir für eine Person der Gruppe einen Bibelvers schenken und sprich ihn der Person mit Blickkontakt zu.
- Bete fürbittend für jemanden (zu Hause): Schreib Gedanken, Empfindungen, Bibelverse auf. Frag eventuell nach, ob der- oder diejenige damit etwas anfangen kann.
- Gemäß dem Bibelvers: „Was siehst du?" (nach Jeremia 1,13). Zwei Personen stehen sich gegenüber (oder im Kreis), es folgt eine erste Beschreibung von äußeren, mit den Sinnen wahrnehmbaren Merkmalen, um damit zu einer geistlichen Bedeutung zu kommen.
- Bildkärtchen und Gegenstände: Mit Hilfe von Bildkärtchen oder Gegenständen kann man für jemanden aus der Gruppe ein Wort empfangen. Oder eine Person nimmt sich eine Bildkarte und jemand anderes legt diese für sie aus.
- Blindprophezeien: Man zieht verdeckt einen Namen und empfängt ein prophetisches Wort, ohne genau zu wissen, wer diese Person ist.
- Stell dich mit dem Gesicht zur Wand, jemand stellt sich dahinter: Beschreibe, was du spürst, empfindest, siehst.
- Nimm die Hand einer Person: Was spürst du? Beschreibe die Empfindungen, die du hast. Geh empathisch auf die andere Person ein.
- Bete in einer Gruppe für eine Person, auch mit bestimmter Fragestellung: Siehst du etwas aus der Vergangenheit? Was ist die Berufung? Was hat Gott im nächsten Jahr mit dieser Person vor?
- Bete für Leute auf der Straße, in der U-Bahn, im Café – was hörst/siehst/spürst du? Z. B. Treasure hunting: Sich im Vorfeld im Gebet durch Gott ein erkennbares äußeres

Merkmal einer Person zeigen lassen. Bei der Begegnung mit dieser von Gott gezeigten Person über Gott ins Gespräch kommen.
- Den Prozess des Prophezeiens transparent machen: Beschreibe ein Bild und lege es mit Bedeutung aus.
- Lege Bilder/Träume/Visionen aus.
- Übung für Interpretation: Ein vorhandenes prophetisches Wort gemeinsam auslegen. Hören die anderen der Gruppe noch weitere Aspekte von Gott?

Weiterführende Literatur

John Bevere: Spricht so der Herr? Erkenne, wann es Gott ist, der durch andere Menschen zu dir redet. Adullam Verlag, Grasbrunn 2002.

Mike Bickle: Prophetie oder Profilneurose. Wie die Gabe der Prophetie in unseren Gemeinden reifen kann. Projektion J, Wiesbaden 1996.

Kevin J. Connor: Interpreting the Symbols and Types. City-Bible Publishing, Portland, Oregon (USA) 1992.

Graham Cooke: Developing your prophetic gifting. Sovereign World, Kent (Großbritannien) 1994.

Jack Deere: Das Geschenk der Prophetie. Für Einsteiger. Gerth Medien, Asslar 2002.

Jim W. Goll: Die kommende prophetische Revolution. Der Ruf nach leidenschaftlichen, hingegebenen Kämpfern Gottes. Verlag Gottfried Bernhard, Solingen 2001.

Jim W. Goll: Prophetische Fürbitte. Gottes Verheißungen auf Knien erbeten. Aufbruch-Verlag, Berlin 2000.

Wayne Grudem: Die Gabe der Prophetie im Neuen Testament und heute. Immanuel Verlagsgesellschaft, Nürnberg 1994.

Jane Hamon: Dreams and Visions. Regal Books from Gospel Light, Ventura, California (USA) 2000.

Cindy Jacobs: Der Prophet in dir. Wie Gott heute zu seinen Kindern redet. Asaph-Verlag, Lüdenscheid 2001.

Ira Milligan: Träume deuten, Träume verstehen – Ein biblisches Handbuch, um Gottes Stimme zu hören. Aufbruch-Verlag, 2007. Berlin.

Larry Randolph: Gott verstehen. Wie Gott auf verschiedene Weise mit uns redet. Schleife Verlag, Winterthur (Schweiz) 2007.

John und Paula Sandford: Elias Auftrag. Gottes Ruf in den prophetischen Dienst. Verlag Gottfried Bernhard, Solingen 1992.

John Sandford: Elias mitten unter uns. Die Fülle des prophetischen Dienstes verstehen, Asaph-Verlag, Lüdenscheid 2003.

Martin Scott: Willkommen in der Zukunft. Ein Leitfaden für die Entwicklung des prophetischen Dienstes. Crain Press, Vaihingen/Enz 2007.

Steve Thompson: Alle können prophetisch reden. Praktische Anweisung zum prophetischen Dienen. Schleife Verlag, Winterthur, Schweiz 2001.

Reinhold Ulonska: Gott hat gesetzt – Auftrag und Aufgabe der charismatischen Ämter. Leuchter-Verlag, Erzhausen 1995.

Fußnoten

1. Jim W. Goll: Die kommende prophetische Revolution. Der Ruf nach leidenschaftlichen, hingegebenen Kämpfern Gottes. Verlag Gottfried Bernhard, Solingen 2001. S. 219ff
2. Loren Cunningham: Bist du es, Herr? Jugend mit einer Mission e. V., 1987.
3. Reinhold Ulonska: Gott hat gesetzt – Auftrag und Aufgabe der charismatischen Ämter. Leuchter-Verlag, Erzhausen 1995. S. 87
4. Elberfelder Studienbibel mit Sprachschlüssel. Neues Testament. R. Brockhaus Verlag, Wuppertal 2001. S. 966f, Wortnummern 4236 und 4237
5. Abbildung nach Mike Bickle: Prophetie oder Profilneurose. Wie die Gabe der Prophetie in unseren Gemeinden reifen kann. Projektion J, Wiesbaden 1996. S. 140
6. ebd. S. 139
7. ebd. S. 139
8. ebd. S. 140
9. ebd. S. 140
10. Reinhold Ulonska: Gott hat gesetzt – Auftrag und Aufgabe der charismatischen Ämter. Leuchter-Verlag, Erzhausen 1995. S. 80-85
11. ebd. S. 81f
12. vgl. ebd. S. 80f
13. ebd. S. 84f
14. Wayne Grudem: Die Gabe der Prophetie im Neuen Testament und heute. Immanuel Verlagsgesellschaft, Nürnberg 1994.
15. vgl. ebd. S. 14f
16. ebd. S. 16ff
17. vgl. ebd. S. 18f
18. vgl. ebd. S. 23f
19. ebd. S. 82
20. Reinhold Ulonska: Gott hat gesetzt – Auftrag und Aufgabe der charismatischen Ämter. Leuchter-Verlag, Erzhausen 1995. S. 87f
21. vgl. Mike Bickle: Prophetie oder Profilneurose. Wie die Gabe der Prophetie in unseren Gemeinden reifen kann. Projektion J, Wiesbaden 1996. S. 192ff
22. Ralf Luther: Neutestamentliches Wörterbuch. Eine Einführung in Sprache und Sinn der urchristlichen Schriften. Gütersloher Verlagshaus, Gütersloh 1984. S. 246
23. Reinhold Ulonska: Gott hat gesetzt – Auftrag und Aufgabe der charismatischen Ämter. Leuchter-Verlag, Erzhausen 1995. S. 91
24. ebd. S. 88
25. Mike Bickle: Prophetie oder Profilneurose. Wie die Gabe der Prophetie in unseren Gemeinden reifen kann. Projektion J, Wiesbaden 1996. S. 70.
26. ebd. S.74f

27 vgl. Reinhold Ulonska: Gott hat gesetzt – Auftrag und Aufgabe der charismatischen Ämter. Leuchter-Verlag, Erzhausen 1995. S. 90f
28 Mike Bickle: Prophetie oder Profilneurose. Wie die Gabe der Prophetie in unseren Gemeinden reifen kann. Projektion J, Wiesbaden 1996. S. 194
29 Ira Milligan: Träume deuten, Träume verstehen – Ein biblisches Handbuch, um Gottes Stimme zu hören. Aufbruch-Verlag, 2007. Berlin. Die Symbole werden auf folgenden Seitenzahlen beschrieben: acht S. 39, siebzig S. 40, Blau S. 73f, Grün S. 75f, Fisch S. 156, Adler und Affe S. 153, Schildkröte S. 168, Bibliothek S. 173, Dach S. 174, Haus S. 178, Keller S. 179, Norden S. 189, Eisen und Gold S. 192, Baby S. 204, Arzt S. 203, Bäcker S. 204, Polizei S. 213, Auto S. 217, Bus/Flugzeug S. 219, Floß S. 220, Äpfel S. 225, Arm S. 226, Augen S. 227, Blumen S. 234, Brücke S. 237, Mikrofon S. 277, Nebel S. 281, Bogen, Köcher, Pfeile S. 235
30 vgl. Jim W. Goll: Prophetische Fürbitte. Gottes Verheißungen auf Knien erbeten. Aufbruch-Verlag, 2000. Berlin. S. 155ff
31 vgl. John und Paula Sandford: Elias Auftrag. Gottes Ruf in den prophetischen Dienst. Verlag Gottfried Bernhard, Solingen 1992. S. 139ff
32 vgl. ebd. S. 73
33 Reinhold Ulonska: Gott hat gesetzt – Auftrag und Aufgabe der charismatischen Ämter. Leuchter-Verlag, Erzhausen 1995. S. 92f
34 ebd. S. 92f
35 ebd. S. 95f
36 Jim W. Goll: Prophetische Fürbitte. Gottes Verheißungen auf Knien erbeten. Aufbruch-Verlag, Berlin 2000.
37 ebd. S. 19ff
38 ebd. S. 121
39 ebd. S. 122
40 ebd. S. 126
41 vgl. John und Paula Sandford: Elias Auftrag. Gottes Ruf in den prophetischen Dienst. Verlag Gottfried Bernhard, Solingen 1992. S. 18ff
42 Mike Bickle: Prophetie oder Profilneurose. Wie die Gabe der Prophetie in unseren Gemeinden reifen kann. Projektion J, Wiesbaden 1996. S. 67
43 ebd. S. 95
44 ebd. S. 96

Meine Notizen

Meine Notizen

Meine Notizen

Meine Notizen

Marc Dever
Was ist eine gesunde Gemeinde?

Mark Dever möchte mit diesem Buch helfen, die Schlüsselmerkmale gesunder Gemeinden zu erkennen. Er hat dafür drei grundlegende Merkmale und sechs wichtige Merkmale herausgearbeitet. Hier ist eine engagierte Einladung, diese Merkmale in unseren Gemeinden zu fördern. Dabei folgt er dem Beispiel der Autoren des Neuen Testaments und wendet sich an Pastoren, Pfarrer, Älteste und Gemeindemitglieder gleichermaßen.
Gebunden, 136 Seiten.

Bestell-Nr.: 52 50418
ISBN 978-3-86773-067-9

Thabiti M. Anyabwile
Was ist ein gesundes Gemeindemitglied?

Die Gemeinde ist eine Heimat für jeden Christen und jedes Gemeindemitglied ist ein vitaler Teil davon - wer gibt, der empfängt und umgekehrt. Geistliches Wachstum ist nicht nur eine Verantwortung der Gemeindeleitung, Gott hat den Einzelnen im Blick. Jeder Christ ist herausgefordert, einen persönlichen Beitrag zur gesunden Entwicklung der Gemeinde zu geben.
Gebunden, 142 Seiten.

Bestell-Nr.: 52 50419
ISBN 978-3-86773-068-6

cap-books • 72221 Haiterbach-Beihingen • Tel.: 07456-9393-0 • info@cap-music.de
www.cap-music.de

Matthias Hoffmann
Gottes Vaterherz entdecken

Es geht um eine Entdeckung und Erneuerung der Beziehung zu unserem himmlischen Vater. Vieles wird sich ändern: Unser Gottesbild, das Verständnis unserer Identität, die Sicht auf unseren Dienst und unser Weltbild. Ankommen beim Vater – dort ist Ruhe und Zuversicht.
Gebunden, 148 Seiten.

Bestell-Nr.: 52 50407
ISBN 978-3-86773-176-8

Auch als Hörbuch! Gelesen von Matthias Hoffmann.
Ungekürzt. In jedem CD-Spieler abspielbar. 5-CD-Set.

Bestell-Nr.: 52 00407
EAN 40 45027 00407 1